La protection des animaux
et le droit de l'environnement

BIBLIOTHÈQUES DE DROIT

COLLECTION FONDÉE ET DIRIGÉE PAR JEAN-PAUL CÉRÉ

Cette collection a pour vocation d'assurer la diffusion d'ouvrages scientifiques sur des thèmes d'actualité ou sur des sujets peu explorés dans le domaine des sciences juridiques. Elle se destine notamment à la publication de travaux de jeunes chercheurs.

Dernières parutions :

M. DOS SANTOS, La gravité en droit international pénal

C. MENABE et J. LEONHARD (dir.), Réinsérer les femmes et les mineurs face au soupçon de danger terroriste

G. THOMAS, La répression du négationnisme

P. KEUBOU, La procédure pénale au Cameroun

J.P. CÉRÉ et L. GRÉGOIRE (dir.), Dix ans d'application de la loi pénitentiaire

J. FALXA (dir.), Coopération judiciaire internationale en matière pénale

C. MENABE et J. LEONHARD (dir.), Femmes, mineurs et terrorisme

V. LE TROUHER, Droit pénal des affaires et groupes de sociétés

N. JOUENNE-PEYRAT, L'encadrement pénal de la prostitution des mineurs

J.P. CÉRÉ, Droit disciplinaire pénitentiaire

H. HEDHILI-AZEMA, Droit disciplinaire pénitentiaire de la belle époque

M.C. GLOMET, Consommation de cannabis et droit pénal

C.A. VAZ-FERNANDEZ, Big data et intelligence artificielle au service de la sécurité intérieure en France

A. CHARRIAU, L'avenir du juge unique

M. MANET, Le devenir juridique de la dignité

M. GALLIMARD, L'incrimination de la zoophilie

M. PELTIER-HENRY, Le droit pénal à l'épreuve des neurosciences

BIBLIOTHÈQUE DE *DROIT DE L'ENVIRONNEMENT*

Sous la direction de
Adrienne Bonnet, Cédric Edouard
et Virginie Savarit

La protection des animaux et le droit de l'environnement

L'Harmattan

5-7, rue de l'École-Polytechnique, 75005 Paris

http://www.editions-harmattan.fr

ISBN : 978-2-336-40882-8
EAN : 9782336408828

SOMMAIRE

AVANT-PROPOS

C'est emplis de joie et de fierté que nous publions les actes du premier colloque organisé par l'Association des Juristes Privatistes de l'Adour (A.J.P.A.). Créée en 2019, l'A.J.P.A a pour objectif de valoriser l'intégration et les travaux de recherche des jeunes chercheurs en droit privé de l'Université de Pau et des Pays de l'Adour (U.P.P.A.). La tenue de ce colloque montre que le pari a été tenu et ce, malgré les conditions imposées par la crise sanitaire qui a frappé de plein fouet les activités d'une association nouvellement constituée.

L'organisation de cette manifestation scientifique nous enchante d'autant plus au vu du sujet que nous avons choisi d'aborder.

Alors que les enjeux environnementaux et de protection animale sont au cœur de l'actualité, leur articulation en droit soulève en effet des difficultés certaines. Nous espérons dès lors que cette thématique suscitera l'intérêt de ses lecteurs, tout autant qu'elle a pu passionner ses rédacteurs.

Par ailleurs, nous ne saurions introduire cet ouvrage sans formuler de vifs remerciements, à des titres très variés.

D'abord, nos remerciements s'adressent à Monsieur Pierre-Yves ARDOY, qui a accepté d'ouvrir et de présider ce colloque qui s'est tenu le 18 juin 2021, et d'être membre du Comité scientifique, aux côtés de Madame le Professeur Virginie LARRIBAU-TERNEYRE et de Monsieur Laurent ABADIE. Leur rigueur et leur soutien ont été d'une aide précieuse qui a contribué à la qualité de cet ouvrage.

Ensuite, nous tenons à remercier Messieurs les Professeurs Denys de BÉCHILLON et Jean-Paul CÉRÉ d'avoir permis le financement et la publication des actes de ce colloque, respectivement en tant que Directeur de l'Institut Fédératif de Recherches sur les Transitions Juridiques (I.F.T.J.) et Directeur de la collection Bibliothèques de droit aux éditions L'Harmattan.

Nous remercions également l'ensemble des membres de l'A.J.P.A. pour leur investissement dans les projets portés par l'association, sans lequel ce colloque n'aurait jamais vu le jour.

Enfin, nous remercions chaleureusement bien sûr les contributeurs de ces actes d'avoir participé à cet évènement et proposé leur vision de cette thématique.

Les membres du Bureau de l'Association

Cédric EDOUARD, Président

Adrienne BONNET, Secrétaire générale

Virginie SAVARIT, Trésorière

– Propos introductifs –

L'approche environnementaliste : une certaine idée de la protection animale

Par Adrienne BONNET

Docteure en droit privé et sciences criminelles qualifiée aux fonctions de Maître de conférences en section 01

Pour son premier colloque, l'Association des Juristes Privatistes de l'Adour a choisi de se pencher sur une thématique particulièrement d'actualité.

En 2020, la Commission européenne a en effet publié une *stratégie* destinée à remédier, si ce n'est à « la crise de la nature », du moins à « la crise de la biodiversité »[1].

Dès le frontispice de cette communication, la Commission en donne le ton : il est « urgent d'agir », « de protéger et de restaurer la biodiversité »[2]. Au soutien de ses vœux, elle évoque en particulier la diminution de 60% des espèces sauvages dans le monde en l'espace de quarante ans[3], regrette l'« effondrement des écosystèmes »[4] et martèle les causes et conséquences de l'« appauvrissement de la biodiversité »[5]. Issue

---

[1] Communication de la Commission au Parlement européen, au Conseil, au Comité économique et social européen et au Comité des régions, *Stratégie de l'UE en faveur de la biodiversité à l'horizon 2030. Ramener la nature dans nos vies*, 20 mai 2020, COM/2020/380 final, et spécialement, p. 2.

[2] *Ibid.*, et spécialement, pp. 1 et 27.

[3] *Ibid.*, et spécialement, p. 3

[4] *Ibid.*, et spécialement, p. 3

[5] *Ibid.*, et spécialement, pp. 2, 3, 6, 8, 12, 13, 16, 19, 20, 21, 22, 23, 26.

du *Pacte vert pour l'Europe*[1], la *stratégie en faveur de la biodiversité à l'horizon 2030* a vocation à se déployer de concert[2] avec la prochaine Politique Agricole Commune 2023-2027[3], ses déclinaisons au sein des États membres à travers les Plans Stratégiques Nationaux[4] et la stratégie *De la Ferme à la Table*[5] qui intéressent l'environnement et les animaux d'élevage.

Les objectifs généraux assignés à ces textes sont identiques : restaurer et protéger l'environnement, en permettant en particulier le développement d'un système alimentaire durable. À côté de l'action climatique et environnementale, c'est aussi le rapport que les humains entretiennent avec les animaux sauvages et de rente que la Commission cherche à réinterroger.

---

[1] Communication de la Commission au Parlement européen, au Conseil européen, au Conseil, au Comité économique et social européen et au Comité des régions, *Le pacte vert pour l'Europe*, 11 décembre 2019, COM(2019) 640 final, et spécialement, p. 15. Précisons que la question avait été envisagée par la Commission européenne dès 2017 notamment (communication de la Commission au Parlement européen, au Conseil, au Comité économique et social européen et au Comité des régions, *L'avenir de l'alimentation et de l'agriculture*, 29 novembre 2017, COM/2017, 713 final).

[2] Communication de la Commission au Parlement européen, au Conseil, au Comité économique et social européen et au Comité des régions, *Stratégie de l'UE en faveur de la biodiversité à l'horizon 2030. Ramener la nature dans nos vies*, *préc.*, et spécialement, p. 8.

[3] V. en ce sens, not., règlement (UE) n°2021/2116 du Parlement européen et du Conseil du 2 décembre 2021 relatif au financement, à la gestion et au suivi de la politique agricole commune et abrogeant le règlement (UE) n°1306/2013, *JOUE* L435, 6.12.2021, p. 187, préambule, pt (60).

[4] Règlement (UE) n°2021/2115 du Parlement européen et du Conseil du 2 décembre 2021 établissant des règles régissant l'aide aux plans stratégiques devant être établis par les États membres dans le cadre de la politique agricole commune (plans stratégiques relevant de la PAC) et financés par le Fonds européen agricole de garantie (FEAGA) et par le Fonds européen agricole pour le développement rural (Feader), et abrogeant les règlements (UE) n°1305/2013 et (UE) n°1307/2013, *JOUE* L435, 6.12.2021, p.1, préambule, pt (122).

[5] Communication de la Commission au Parlement européen, au Conseil, au Comité économique et social européen et au Comité des régions, *Une stratégie « De la ferme à la table » pour un système alimentaire, équitable, sain et respectueux de l'environnement*, 20 mai 2020, COM/2020/381 final.

En s'attelant à la « restauration et [la] *protection* de la biodiversité »[1], la Commission européenne annonce certes le lancement d'un chantier ambitieux qui porte en particulier sur les animaux. Ce faisant, elle s'inscrit cependant dans un mouvement qui privilégie la « protection animale » sur la prise en compte du « bien-être animal ».

En apparence similaire, ces deux notions méritent d'être distinguées tant elles diffèrent profondément l'une de l'autre de par leur objet et les conséquences qui leur sont associées.

Cette confusion gagne d'autant plus à être clarifiée que depuis de nombreuses années, les textes et la jurisprudence s'y réfèrent tour à tour, laissant ainsi présumer un lien de synonymie qui les unirait. Ce serait pourtant commettre un contre-sens : le droit positif s'intéresse pour l'essentiel à la « protection » des animaux et non à leur « bien-être ».

Ce colloque en propose un écho. Esquissons ici quelques éléments de définition, non seulement pour éviter de semblables écueils mais aussi parce que toutes les contributions qui suivent interrogent le périmètre dévolu à cette « protection » et la pertinence de son caractère restreint.

Dans cet ouvrage, il est en effet question des rapports qui unissent ou non le droit de l'environnement à la « protection » des animaux, et non à la promotion ou préservation de leur « bien-être ». Les contributeurs invitent tous à réfléchir au degré de distanciation qui sépare le droit de l'environnement d'un côté, et la prise en compte des animaux, de l'autre. Or, cette frontière peut probablement s'expliquer par son propre sujet : le droit positif, y compris sous son angle environnementaliste, impose un cadre dans lequel les animaux doivent être appréhendés.

C'est ainsi que lorsqu'elles ont trait aux animaux, les normes ne tendent pas à préserver leur « bien-être », entendu strictement.

---

[1] Nous soulignons ; Communication de la Commission au Parlement européen, au Conseil, au Comité économique et social européen et au Comité des régions, *Stratégie de l'UE en faveur de la biodiversité à l'horizon 2030. Ramener la nature dans nos vies, préc.*

Faute de définition légale et univoque, il est possible de s'appuyer sur celle que propose l'ANSES. Le bien-être animal désignerait « l'état mental et physique positif lié à la satisfaction [des] besoins physiologiques et comportementaux, ainsi que [des] attentes [des animaux] »[1]. Les textes visent pour l'essentiel à les protéger, non dans le but de préserver leurs besoins propres, mais le plus souvent contre l'impact que peuvent entraîner à leur détriment les activités humaines. Un aperçu du droit international, européen et interne suffit pour s'en convaincre.

En droit international, les animaux sont envisagés soit en tant que « faune sauvage » indistincte[2], soit par espèce[3], et toujours dans un même but : veiller à conserver leur espèce et les protéger d'une extinction.

En droit européen et interne, s'il n'est pas question en tous lieux de « conservation », c'est aussi cette recherche de « protection » qui en gouverne l'esprit.

Les exemples ne manquent pas. La directive 92/43/CEE, dite « directive habitats », vise « la *protection* et l'amélioration de la qualité de l'environnement, y compris la conservation des habitats naturels ainsi que de la faune et de la flore sauvages »[4]. La directive 98/58/CE qui pose pour sa part les principaux généraux applicables à l'élevage d'animaux de rente concerne « la *protection* des animaux dans les élevages »[5]. La

---

[1] Agence nationale de sécurité sanitaire de l'alimentation, de l'environnement et du travail (ANSES), *Avis relatif au « Bien-être animal : contexte, définition et évaluation »*, 16 février 2018.

[2] V. not., Convention sur le commerce international des espèces de faune et de flore sauvages menacées d'extinction (CITES), 3 mars 1973.

[3] V. not., Accord international sur la protection des ours blancs, 15 novembre 1973.

[4] Nous soulignons ; directive 92/43/CEE du Conseil du 21 mai 1992 concernant la conservation des habitats naturels ainsi que de la faune et de la flore sauvages, *JOCE* L206, 22.7.1992, p. 7, préambule, pt (1).

[5] Nous soulignons ; directive 98/58/CE du Conseil du 20 juillet 1998 concernant la protection des animaux dans les élevages, *JOCE* L221/23, 8.8.98, p. 23.

directive 1999/74/CE établit quant à elle des « normes minimales relatives à la *protection* des poules pondeuses »[1].

En France, le Titre Ier du Livre IV du Code de l'environnement regroupe sous son intitulé « *protection* du patrimoine naturel » des questions aussi diverses que l'introduction et le contrôle de certaines espèces animales et végétales, les expérimentations effectuées sur des animaux non domestiques, la détention en captivité de certains animaux, etc.

Ce rapide panorama ne saurait toutefois signifier que la notion de « bien-être animal » est absente des textes. Elle figure au contraire au sommet des normes européennes puisqu'elle est expressément visée à l'article 13 du Traité sur le Fonctionnement de l'Union européenne. Aux termes de la première partie de cette disposition en effet, « lorsqu'ils formulent et mettent en œuvre la politique de l'Union dans les domaines de l'agriculture, de la pêche, des transports, du marché intérieur, de la recherche et développement technologique et de l'espace, l'Union et les États membres tiennent pleinement compte des exigences du *bien-être* des animaux en tant qu'êtres sensibles ». C'est au demeurant ce que confirme la Cour de justice de l'Union européenne lorsqu'elle considère, dans son arrêt *Viamex Agrar Hendels* par exemple, que « la protection du *bien-être* des animaux constitue un objectif légitime d'intérêt général »[2].

Cependant, ces éléments ne sont pas de nature à eux seuls à altérer la visée protectrice des normes au profit d'une approche centrée sur les besoins des animaux. En sa seconde partie, ce même article 13 du Traité sur le Fonctionnement de l'Union européenne subordonne en effet la prise en compte du « bien-être » animal aux « dispositions législatives ou administratives et usages des États membres en matière notamment de rites

---

[1] Nous soulignons ; directive 1999/74/CE du Conseil du 19 juillet 1999 établissant les normes minimales relatives à la protection des poules pondeuses, *JOCE* L203, 3.8.1999, p. 53.

[2] Nous soulignons ; CJUE, 17 janvier 2008, Viamex Agrar Handels GmbH et Zuchtvieh-Kontor GmbH (ZVK) c/ Hauptzollamt Hamburg-Jonas, aff. jtes C-37/06 et C-58/06, pt 22.

religieux, de traditions culturelles et de patrimoines régionaux ». Cette disposition permet, en soi, de cantonner l'approche du législateur à la seule « protection » animale dans les limites des activités humaines, au lieu de la pleine préservation du « bien-être animal » indépendamment de ses conséquences, notamment économiques, pour les humains.

En d'autres termes, s'il est souvent reproché à celles et ceux qui s'intéressent à la cause animale de faire preuve d'anthropomorphisme, le législateur, lui, a choisi son parti : ne s'intéresser aux animaux que dans les limites d'un anthropocentrisme strict[1].

Cela étant, le droit de l'environnement contribue-t-il efficacement à la protection dévolue aux animaux ?

De prime abord, un lien étroit unit à l'évidence les animaux aux thématiques environnementales plus larges. En ce sens, le droit de l'environnement est utile à la protection des animaux. Cependant, puisque les animaux sont envisagés à travers les activités humaines, cette branche du droit ne saurait à elle seule appréhender cette question dans son intégralité.

Ce constat surprend peu sous un certain angle : nous n'accordons généralement pas le même regard aux chimpanzés, aux poissons, qu'à nos chiens et chats. Sous un autre cependant, la question demeure de savoir si le droit de l'environnement appréhende avec justesse les animaux qui relèvent de son champ et s'il gagnerait ou non à en concerner d'autres.

Tel est, en résumé, le vaste objet dont ces actes donnent une vision et que nous nous proposons d'introduire en en évoquant la première (I.) puis la seconde partie (II.).

---

[1] V. en ce sens, not., J.-P. Marguénaud, *L'animal en droit privé*, thèse, PUF, Paris, 1992, 577 p. ; J.-P. Marguénaud, F. Burgat et J. Leroy, *Le droit animalier*, PUF, Paris, 2016, 260 p. ; Antoine, *Le droit de l'animal*, Légis-France, Paris, 2007, 380 p.

I. L'utilité de l'approche environnementaliste

Utile, le droit de l'environnement l'est assurément pour les animaux, ou du moins pour certains d'entre eux.

En parallèle de ce que l'humain a créé pour améliorer ses conditions de vie via par exemple l'aménagement et l'habitat (l'« environnement culturel »), le droit de l'environnement s'intéresse à l'« environnement naturel »[1], c'est-à-dire à la flore, la faune et leurs espaces. Il tend à protéger les écosystèmes, qui se caractérisent en premier lieu par la biocénose, laquelle désigne l'ensemble des espèces animales et végétales qui vivent dans un milieu naturel donné. Les populations animales comme végétales peuvent s'y trouver rares, en abondance ou en voie de disparition, elles évoluent dans tous les cas dans un biotope, qui est la seconde composante des écosystèmes. La notion de biotope renvoie en effet aux espaces et milieux dans lesquels les espèces vivent.

C'est d'ailleurs à cet égard que l'écologie se distingue du droit de l'environnement. Dans son sens strict, l'écologie s'apparente en effet à une science qui a pour objet d'évaluer les fonctions écologiques de chaque espèce et d'analyser les liens et rapports d'interdépendance qui unissent une biocénose à un biotope précis dans le cadre d'un écosystème. Le droit de l'environnement, lui, dépasse cette conception : il cherche non seulement à protéger les espèces dans leur rapport avec leurs milieux mais aussi à préserver les espaces naturels eux-mêmes[2].

Cet objet offre par conséquent au droit de l'environnement la possibilité de protéger les animaux, leurs milieux et espaces naturels.

Dans les pages qui suivent, il sera ainsi question notamment de la responsabilité induite par le préjudice subi par les animaux

---

[1] A. Gogorza et J. Lagoutte, « Fasc. 15 : Environnement – Généralités – Règles spécifiques communes », *JCl Lois pénales spéciales*, janvier 2016, n°8.

[2] *Ibid.* et C. Huglo, « Fasc. 2200 : Environnement et droit de l'environnement – Définitions et notion de développement durable », *JCl Environnement et développement durable*, septembre 2018.

appartenant à des espèces protégées. La pleine applicabilité du droit à réparation permise par le « préjudice écologique » sera plus particulièrement interrogée par Laure Cazalis. La loi du 8 août 2016 pour la reconquête de la biodiversité, de la nature et des paysages[1] a certes permis de graver dans le marbre du Code civil le besoin de réparer les atteintes causées aux écosystèmes et à l'environnement. Toutes les atteintes portées à tous types d'animaux ne sont toutefois pas susceptibles d'ouvrir droit à réparation : encore convient-il de prouver que les animaux en cause contribuent effectivement au maintien d'un certain équilibre naturel.

Si l'efficacité de ce droit à réparation prête donc à discussions, il en va également de même pour les problématiques soulevées par la réintroduction des espèces menacées. Tout en présentant la dimension protectrice des dispositifs qui y sont associés, Virginie Savarit se demandera si les objectifs initiaux ont bien été atteints, en dépit des dérogations qui se sont multipliées au fil des ans.

Outre les espèces animales prises pour elles-mêmes, il sera aussi question de leurs milieux de vie. En faisant le constat que les espaces naturels dits « ordinaires » ne font l'objet d'aucun encadrement réglementaire à visée protectrice, Morgan Lechhab-Vacossin montrera combien le contrat s'est peu à peu imposé comme un outil à même de remplir cette fonction.

Le droit de l'environnement ne parvient pas toutefois à protéger toutes les espèces animales. Certaines catégories d'animaux lui sont étrangères et pour celles qui pourraient en relever, sa dimension « protectrice », et non soucieuse de leurs besoins propres, en limite singulièrement la portée.

---

[1] Loi n° 2016-1087 du 8 août 2016 pour la reconquête de la biodiversité, de la nature et des paysages, *JORF* n°0184 du 9 août 2016, t. n°2.

II. Les insuffisances de l'approche environnementaliste

Les lacunes qui peuvent être reprochées au droit de l'environnement s'expliquent originellement par la notion même d'« animal ». Les difficultés qui ont historiquement entouré sa définition sont un exemple du caractère tentaculaire d'un « droit animalier » qui émerge peu à peu, en investissant la quasi-totalité des disciplines juridiques.

En France, les animaux ont en effet d'abord été classés, avant d'être définis par le législateur. Ainsi, ils ont d'abord été domestiques, apprivoisés, tenus en captivité ou sauvages. Ce n'est qu'à compter de 1976 qu'ils sont devenus des « êtres sensibles » dans le Code rural et de la pêche maritime[1], avant que le Code pénal prévoie de nouvelles dispositions destinées réprimer les actes commis à leur encontre[2]. Près de quarante ans plus tard[3], le Code civil a à son tour consacré cette qualification en son article 515-14. La portée de cette reconnaissance est toutefois restée des plus limitées[4] : le champ d'application du texte se restreint aux seuls animaux « vivants » et l'article continue de leur assigner le régime juridique des biens meubles.

Le droit européen s'est quant à lui intéressé progressivement aux animaux en suivant une logique partiellement similaire : est un animal qui a droit à une protection, celui dont la sensibilité a été prouvée, c'est-à-dire celui dont les études ont montré qu'il jouit d'un niveau de conscience suffisamment développé pour

---

[1] Loi n° 76-629 du 10 juillet 1976 relative à la protection de la nature, *JORF* du 13 juillet 1976 ; Code rural et de la pêche maritime, art. L. 214-1.

[2] V. not., J.-P. Marguénaud, « L'animal dans le nouveau code pénal », *Rec. D.*, 1995, p. 187.

[3] Loi n°2015-177 du 16 février 2015 relative à la modernisation et à la simplification du droit et des procédures dans les domaines de la justice et des affaires intérieures, *JORF* n°0040 du 17 février 2015, t. n°1.

[4] V. not., P. Malinvaud, « L'animal va-t-il s'égarer dans le Code civil ? », *Rec. D.*, 2015, p. 87 ; J.-P. Marguénaud, « Une révolution théorique : l'extraction masquée des animaux de la catégorie des biens », *JCP G*, n°10-11, doctr. 305 ; v. aussi, R. Libchaber, « La souffrance et les droits. A propos d'un statut de l'animal », *Rec. D.*, 2014, p. 380.

éprouver de la souffrance et de l'angoisse. La directive 2010/63/UE[1] liste les « animaux », identifiant ainsi ceux qui sont dépositaires d'un certain droit à être protégés. Tandis que le droit français distingue les animaux selon leur degré de proximité ou de distance avec les humains, le droit européen les envisage à condition que les connaissances humaines aient suffisamment révélé leur capacité à souffrir. Sont ainsi des « animaux » en droit européen, les vertébrés, céphalopodes et fœtus de mammifère.

En raison de leur multiplicité et de la complexité des conceptions qui y ont trait, les animaux sont par conséquent envisagés sous des conceptions diverses, au gré des textes, des disciplines et de l'échelle nationale ou régionale dont ils relèvent.

Les institutions elles-mêmes ne parviennent pas à envisager l'animal indépendamment de la définition qui lui est attribuée et de la catégorie dont il fait l'objet le cas échéant. À l'échelle européenne, la Direction générale de l'environnement de la Commission européenne s'intéresse moins aux animaux que la Direction générale de la santé et de la sécurité alimentaire. Au sein du Conseil de l'Union européenne et du Parlement européen, les animaux intéressent également à des degrés divers les formations et commissions dédiées à l'environnement d'une part, et à l'agriculture et la pêche, d'autre part. Au niveau interne, le pouvoir exécutif répartit également les questions qui ont trait aux animaux au gré de ses Ministères. La situation est telle que le Ministère de la transition écologique est amené à s'intéresser à peu près autant aux animaux que le Ministère de la santé et souvent, bien moins que le Ministère de l'agriculture et de l'alimentation qui traite des animaux les plus proches de l'homme, à savoir les animaux domestiques et apprivoisés.

Dans ce contexte, le droit de l'environnement n'offre tout au plus qu'une protection perfectible aux animaux : non seulement, il ne relève pas de son objet de protéger tous les animaux indifféremment de leur catégorie d'appartenance, mais il ne les

---

[1] Directive 2010/63/UE du Parlement européen et du Conseil du 22 septembre 2010 relative à la protection des animaux utilisés à des fins scientifiques, *JOUE* L276, 20.10.2010, p. 33.

envisage souvent aussi qu'à travers le prisme des activités humaines. Sa portée est en outre régulièrement moins protectrice que s'il s'était agi d'animaux domestiques, pour lesquels le législateur accorde une attention plus soutenue.

Dans les développements qui suivent, Cédric Edouard mobilisera ainsi l'exemple des activités de chasse et de pêche. Si l'interdiction totale ou partielle de certaines d'entre elles contribue à protéger des espèces animales identifiées, le législateur fait globalement l'impasse sur la souffrance que les animaux peuvent endurer lorsque ces pratiques sont autorisées. En montrant la nécessité qu'il y aurait de parfaire les dispositifs applicables, il s'agira ainsi de s'interroger autrement sur la complémentarité du droit de l'environnement et de la protection des animaux et de se demander si, finalement, une certaine hiérarchisation conviendrait d'être retenue.

Mael Germain envisagera à son tour cette ambivalence sous l'angle du droit pénal en montrant que la visée protectrice de ces règles dépend significativement de la question de savoir si les animaux en cause sont sauvages ou non. Il soulignera ainsi l'importance de la qualification attribuée aux animaux au pénal et montrera combien l'activité, voire l'imprudence, des humains conditionne somme toute le sort réservé aux animaux.

Ce sont autant de difficultés qui gagneraient donc à être dépassées pour que les animaux soient pleinement protégés. Le droit de l'environnement, pas plus que les autres branches du droit, ne se suffisant à lui seul, c'est l'attribution d'une véritable personnalité juridique qui pourrait éventuellement permettre d'atteindre cet objectif. Laurent Dufaur-Dessus abordera en toute logique cette interrogation. Puisqu'il est de moins en moins contesté que l'animal est un sujet de droit qui mérite d'être protégé, ne s'agit-il pas, *in fine*, de la seule solution dont le législateur devrait s'emparer pour remédier aux défauts du régime juridique qu'il lui assigne, y compris dans son volet environnementaliste ? Un jour peut-être sera-t-il véritablement question de bien-être animal et non de protection animale…

BIBLIOGRAPHIE :

Encyclopédies, ouvrages généraux et spéciaux

S. Antoine, *Le droit de l'animal*, Légis-France, Paris, 2007, 380 p.

A. Gogorza et J. Lagoutte, « Fasc. 15 : Environnement – Généralités – Règles spécifiques communes », *JCI Lois pénales spéciales*, janvier 2016, n°8.

C. Huglo, « Fasc. 2200 : Environnement et droit de l'environnement – Définitions et notion de développement durable », *JCI Environnement et développement durable*, septembre 2018.

J.-P. Marguénaud, *L'animal en droit privé*, thèse, PUF, Paris, 1992, 577 p.

J.-P. Marguénaud, F. Burgat et J. Leroy, *Le droit animalier*, PUF, Paris, 2016, 260 p.

Articles de revue

R. Libchaber, « La souffrance et les droits. A propos d'un statut de l'animal », *Rec. D.*, 2014, p. 380.

P. Malinvaud, « L'animal va-t-il s'égarer dans le Code civil ? », *Rec. D.*, 2015, p. 87.

J.-P. Marguénaud, « L'animal dans le nouveau code pénal », *Rec. D.*, 1995, p. 187.

J.-P. Marguénaud, « Une révolution théorique : l'extraction masquée des animaux de la catégorie des biens », *JCP G*, n°10-11, doctr. 305

Normes internationales

Convention sur le commerce international des espèces de faune et de flore sauvages menacées d'extinction (CITES), 3 mars 1973.

Accord international sur la protection des ours blancs, 15 novembre 1973.

Normes européennes

Règlement (UE) n°2021/2115 du Parlement européen et du Conseil du 2 décembre 2021 établissant des règles régissant l'aide aux plans stratégiques devant être établis par les États membres dans le cadre de la politique agricole commune (plans stratégiques relevant de la PAC) et financés par le Fonds européen agricole de garantie (FEAGA) et par le Fonds européen agricole pour le développement rural (Feader), et abrogeant les règlements (UE) n°1305/2013 et (UE) n°1307/2013, *JOUE* L435, 6.12.2021, p.1.

Règlement (UE) n°2021/2116 du Parlement européen et du Conseil du 2 décembre 2021 relatif au financement, à la gestion et au suivi de la politique agricole commune et abrogeant le règlement (UE) n°1306/2013, *JOUE* L435, 6.12.2021, p. 187.

Directive 92/43/CEE du Conseil du 21 mai 1992 concernant la conservation des habitats naturels ainsi que de la faune et de la flore sauvages, *JOCE* L206, 22.7.1992, p. 7.

Directive 98/58/CE du Conseil du 20 juillet 1998 concernant la protection des animaux dans les élevages, *JOCE* L221/23, 8.8.98, p. 23.

Directive 1999/74/CE du Conseil du 19 juillet 1999 établissant les normes minimales relatives à la protection des poules pondeuses, *JOCE* L203, 3.8.1999, p. 53.

Directive 2010/63/UE du Parlement européen et du Conseil du 22 septembre 2010 relative à la protection des animaux utilisés à des fins scientifiques, *JOUE* L276, 20.10.2010, p. 33.

Communication de la Commission au Parlement européen, au Conseil, au Comité économique et social européen et au Comité des régions, *L'avenir de l'alimentation et de l'agriculture*, 29 novembre 2017, COM/2017, 713 final.

Communication de la Commission au Parlement européen, au Conseil européen, au Conseil, au Comité économique et social européen et au Comité des régions, *Le pacte vert pour l'Europe*, 11 décembre 2019, COM(2019) 640 final.

Communication de la Commission au Parlement européen, au Conseil, au Comité économique et social européen et au Comité des régions, *Une stratégie « De la ferme à la table » pour un système alimentaire, équitable, sain et respectueux de l'environnement*, 20 mai 2020, COM/2020/381 final.

Communication de la Commission au Parlement européen, au Conseil, au Comité économique et social européen et au Comité des régions, *Stratégie de l'UE en faveur de la biodiversité à l'horizon 2030. Ramener la nature dans nos vies*, 20 mai 2020, COM/2020/380 final.

Lois

Loi n° 76-629 du 10 juillet 1976 relative à la protection de la nature, *JORF* du 13 juillet 1976.

Loi n°2015-177 du 16 février 2015 relative à la modernisation et à la simplification du droit et des procédures dans les domaines de la justice et des affaires intérieures, *JORF* n°0040 du 17 février 2015, t. n°1.

Loi n° 2016-1087 du 8 août 2016 pour la reconquête de la biodiversité, de la nature et des paysages, *JORF* n°0184 du 9 août 2016, t. n°2.

Jurisprudence

CJUE, 17 janvier 2008, Viamex Agrar Handels GmbH et Zuchtvieh-Kontor GmbH (ZVK) c/ Hauptzollamt Hamburg-Jonas, aff. jtes C-37/06 et C-58/06.

Autres

Agence nationale de sécurité sanitaire de l'alimentation, de l'environnement et du travail (ANSES), *Avis relatif au « Bien-être animal : contexte, définition et évaluation »*, 16 février 2018.

PARTIE 1

LES UTILITÉS
DU DROIT DE L'ENVIRONNEMENT
POUR LA PROTECTION DES ANIMAUX

Préjudice écologique et droits des animaux

Par Laure CAZALIS

Docteure en droit privé et sciences criminelles

Contrairement aux animaux qualifiés de domestiques, apprivoisés ou en captivité, qui sont par le seul fait de leur possession soumis au droit commun des biens sous réserve des textes assurant leur protection comme le précise l'article 515-14 du Code civil[1], l'animal sauvage n'est pas considéré comme un bien mais comme une *res nullius*, définie aux termes de l'article 714 alinéa 1er du Code civil comme une chose qui n'appartient à personne et dont l'usage est commun à tous. Depuis la loi n° 76-629 du 10 juillet 1976 le droit n'appréhende plus l'animal non domestique comme une simple *res nullius* mais comme un être vivant pouvant bénéficier d'une protection particulière. En effet, dans son article 1, elle dispose que « *la protection des espaces naturels et des paysages, la préservation des espèces animales et végétales, le maintien des équilibres biologiques auxquels ils participent et la protection des ressources naturelles contre toutes les causes de dégradation qui les menacent sont d'intérêt général.*

Il est du devoir de chacun de veiller à la sauvegarde du patrimoine naturel dans lequel il vit. Les activités publiques ou privées d'aménagement, d'équipement et de production doivent se conformer aux mêmes exigences ». Leur protection est devenue un devoir d'intérêt général.

Cette prise en compte de la protection de l'animal par le droit peut se refléter par la réparation du préjudice écologique. En

---

[1] « Les animaux sont des êtres vivants doués de sensibilité. Sous réserve des lois qui les protègent, les animaux sont soumis au régime des biens ». (loi 16 février 2015).

effet, la perte d'un animal sauvage peut être considérée comme un préjudice écologique subi par la collectivité. C'est à ce moment-là que le régime de réparation du préjudice écologique peut être applicable à l'animal. Plus précisément, l'animal sauvage, qu'il soit protégé ou non, qui contribue au maintien d'un écosystème, peut, lorsqu'il subit une atteinte, bénéficier du régime de réparation du préjudice écologique.

Néanmoins une espèce sauvage qualifiée de « protégée » aura plus de chance de se voir reconnaître comme indispensable au maintien de l'équilibre naturel puisqu'elle fait déjà l'objet de mesures de conservation. En France, les espèces protégées sont listées par arrêtés ministériels. Ces animaux bénéficient de droits spécifiques contrairement aux animaux domestiques. En effet, les actions suivantes sont interdites : détruire ou enlever les œufs ou les nids des animaux de ces espèces protégées, de les mutiler, les tuer ou les capturer, de perturber intentionnellement ces animaux dans leur milieu naturel, de les naturaliser, transporter, colporter, utiliser, de les détenir, de les mettre en vente ou de les acheter. Il est également interdit de détruire, de modifier ou de dégrader leurs habitats naturels. Il est ainsi par exemple interdit de capturer, détenir, tuer les hérissons, les écureuils ou les castors. Toutes ces atteintes peuvent répondre à la caractérisation d'un préjudice écologique.

Le préjudice écologique est défini à l'article 1247 du Code civil[1] qui dispose qu' :« Est réparable, dans les conditions prévues au présent titre, le préjudice écologique consistant en une atteinte non négligeable aux éléments ou aux fonctions des écosystèmes ou aux bénéfices collectifs tirés par l'homme de l'environnement ». Il s'agit alors d'un régime juridique exclusivement tourné vers la réparation.

Pour recevoir cette qualification l'atteinte doit être non négligeable, et cette atteinte doit endommager les éléments ou les fonctions des éléments naturels. Il est question d'une démarche anthropocentrée où seules les espèces contribuant à l'équilibre

---

[1]Création loi n°2016-1087 du 8 août 2016 - art. 4.

naturel peuvent bénéficier de ce régime de réparation, non pas les espèces domestiques, qui elles ne contribuent pas au maintien du milieu naturel. [1]

Bien avant l'entrée en vigueur des textes inscrivant le préjudice écologique dans le Code civil, le juge appréhendait déjà la protection des espèces sauvages par le truchement de la responsabilité civile notamment par l'intermédiaire de la réparation du préjudice moral des associations, mais surtout depuis la consécration du préjudice écologique par la Cour de cassation dans sa décision Erika du 25 septembre 2012, par l'intermédiaire de cette notion de préjudice écologique.

Par exemple, la Cour de cassation a admis, dans l'arrêt du 16 novembre 1982[2], le préjudice moral d'une association, dû à la mort d'un balbuzard pêcheur qui est une espèce protégée. La Cour de cassation déclare « qu'en raison de son objet, qui est d'étudier et de protéger les oiseaux migrateurs, [une] association était directement intéressée par les actes mettant en péril les espèces qu'elle s'est donnée pour mission de protéger, et qu'elle a subi, du fait de la mort [d'un] rapace, un préjudice moral direct et personnel, en liaison avec le but et l'objet de ses activités ». Autre exemple, la Cour d'appel de Pau, dans son arrêt du 10 septembre 2009[3], a alloué 1000 euros de dommages et intérêts à chaque association ayant exercé l'action pour le préjudice moral subi à la suite de la perte de la dernière ourse de souche des Pyrénées.

---

[1]Crim., 25 sept. 2012, n° 10-82.938, Sté Total et a. : JurisData n° 2012-021445 ; D. 2012, p. 2673, L. Neyret ; B. Parance, « Quand la Cour de cassation vient donner ses lettres de noblesse au préjudice écologique », *Gaz. Pal.* 25 oct. 2012, p. 2757 ; M. Boutonnet, « L'Erika, une vraie-fausse reconnaissance du préjudice écologique », *Environnement et dév. durable* 2013, étude 2 ; F.-G. Trébulle, « Quelle prise en compte du préjudice écologique après l'Erika », *Environnement et dév. durable* 2013, étude 9 ; M. Bacache, « Quelle réparation pour le préjudice écologique », *Environnement et dév. durable* 2013, étude 10 ; K. Le Couviour, « Erika, l'arrêt salvateur de la Cour de cassation », *JCP G* 2012, 1243.
[2] 1ère Civ., 16 novembre 1982, n° 81-15.550, note J-C. Hallouin, *RJE*, n°2, 1984, p 225.
[3] CA Pau, 10 septembre 2009, n° 08/00559.

Parfois le juge ne qualifie pas le préjudice subi mais il prend pourtant en compte l'atteinte à l'animal protégé. Dans son jugement du 11 mai 2006[1], le Tribunal correctionnel de Dax indique qu'il condamne le prévenu responsable du préjudice subi par la SEPANSO. L'atteinte à des espèces protégées était constituée car l'auteur de l'infraction avait installé des « matoles » qui sont des moyens de chasse interdits pour capturer des pinsons des arbres ; mais aussi était en cause le fait de détenir et d'avoir donné la mort à des espèces non domestiques protégées c'est-à-dire à plusieurs ortolans, pinsons des arbres, pipits et rouges-gorges. Il s'agissait réellement d'un préjudice écologique mais le tribunal correctionnel a préféré ne pas le caractériser. Dans une affaire similaire, la Cour d'appel de Pau dans un arrêt du 9 janvier 2015[2] condamne un prévenu à payer 1000 euros de dommages et intérêts à la SEPANSO des Landes et à la Ligue de Protection des oiseaux pour le préjudice moral qu'elles ont subi suite à la destruction d'ortolans qualifiés d'espèces non domestiques protégées déclarées « vulnérables » et « en danger ».

Les atteintes aux animaux non domestiques relevant des listes des espèces protégées peuvent ainsi constituer des préjudices écologiques ouvrant droit à réparation, en parallèle des sanctions pénales (I). Ce régime de réparation par le biais du préjudice écologique agit souvent comme un palliatif au droit pénal qui est constitué d'infractions obstacles aux autorisations administratives. Néanmoins ce régime, bien qu'il incarne une avancée réelle pour les droits des animaux sauvages, connaît certaines limites (II).

---

[1] T. corr Dax, 11 mai 2006, JU141/2006.
[2] CA Pau, 9 janvier 2015, disponible sur le site http://www.sepanso40.fr.

I. L'application du régime de réparation du préjudice écologique lors d'une atteinte aux espèces protégées

Le législateur, dans la lignée de la jurisprudence, a introduit ce régime de réparation en consacrant des principes efficaces permettant une prise en compte de la victime première d'une atteinte, c'est-à-dire l'animal protégé à la fois en matière d'invocabilité (A) mais aussi en matière procédurale, étant donné que la représentation est incontournable pour ces espèces non dotées de personnalité juridique (B).

A) L'apport de l'introduction législative du préjudice écologique en matière de réparation des atteintes aux espèces protégées

La loi du 8 août 2016[1] est venue consacrer des principes élaborés par la doctrine afin que la réparation du préjudice écologique soit efficace. Le premier est la priorité de la réparation en nature. L'article 1249 du code civil dispose que « la réparation du préjudice écologique s'effectue par priorité en nature ». Ce principe vient déroger à celui de la libre appréciation des juges quant aux choix du mode de réparation du préjudice. C'est une spécificité nouvelle qui rend ce nouveau régime de responsable très protecteur de l'environnement et par voie de conséquence des animaux non domestiques protégés. Cette réparation peut se traduire par l'obligation de réintroduction de l'espèce atteinte ou par la restauration de son habitat.

Le second principe irriguant ce nouveau régime de responsabilité est l'affectation des dommages et intérêts. Le législateur, en consacrant ce principe dans le deuxième aliéna de l'article 1249, déroge au principe de la libre disposition des dommages et intérêts. Là encore, ce principe, soutenu par la

[1] Loi n° 2016-1087 du 8 août 2016 pour la reconquête de la biodiversité, de la nature et des paysages.

doctrine[1], est spécifique au préjudice écologique. « Que l'atteinte à des biens communs puisse se résoudre par l'attribution de dommages-intérêts à une association ou à une personne publique, sans égard pour l'usage qu'elles en feraient, heurtait la conscience commune »[2] ; c'est la raison pour laquelle il était indispensable d'introduire ce nouveau principe spécifique au préjudice écologique, la victime première étant l'animal non domestique. Ainsi les représentants des espèces protégées ne peuvent pas affecter les dommages et intérêts perçus à une autre cause que celle de la protection de l'environnement. Là encore, la somme perçue doit être exclusivement destinée à la protection des animaux sauvages.

B) La flexibilité de la représentation pour invoquer le préjudice écologique en cas d'atteinte aux espèces protégées

L'article 1248 code civil dispose que l'action en réparation du préjudice écologique est ouverte à toute personne ayant qualité et intérêt à agir, telle que l'Etat, l'Office français de la biodiversité, les collectivités territoriales et leurs groupements dont le territoire est concerné, ainsi que les établissements publics et les associations agréées ou créées depuis au moins cinq ans à la date d'introduction de l'instance qui ont pour objet la protection de la nature et la défense de l'environnement. Il s'agit d'une liste non exhaustive.

Cette appréhension législative du droit d'action permet une meilleure prise en compte du préjudice écologique. En effet, si le législateur avait décidé de limiter cette liste de nombreuses

---

[1]G.-J. Martin et L. Neyret, *Nomenclature des préjudices environnementaux*, LGDJ, coll. Droit des affaires, 2012 ; Rapport « Pour réparer le préjudice écologique », Y. Jégouzo, disponible sur le site : http://www.justice.gouv.fr/art_pix/1_rapport_prejudice_ecologique_20130914.pdf.

[2] G. J. Martin, « Le préjudice écologique dans le code civil. Réflexions autour du nouveau régime de réparation du préjudice écologique introduit par la loi « Biodiversité » », Mélanges F. Collart-Dutilleul, Dalloz, cité par L. Neyret, « La consécration du préjudice écologique dans le code civil », *Recueil Dalloz*, 2017, p. 924.

actions auraient pu être déclarées irrecevables faute de qualité à agir. De plus, si seules les associations agréées de protection de l'environnement étaient titulaires de cette action, les associations non agréées, ayant pourtant intérêt à agir au nom de l'intérêt collectif, n'auraient pas pu intenter d'action en réparation. Ainsi il revient au juge d'approuver la recevabilité de l'action en réparation des personnes visées par cet article, mais aussi d'autres personnes, comme par exemple les entreprises, les agriculteurs, les opérateurs de compensation, les communautés autochtones, et, plus généralement, tous les professionnels travaillant en lien avec l'environnement, qui pourraient avoir un intérêt à agir en réparation du préjudice écologique. Cette possibilité permet à un nombre important de personnes d'ester en justice en représentation de l'espèce animale qui a été atteinte. Cette volonté d'ouvrir l'action en réparation est réellement bienvenue puisque l'atteinte est souvent révélée par les personnes agissant sur le terrain. Malgré ces avancées en matière de protection d'espèces animales protégées, l'apport de ce régime de réparation souffre de certaines contraintes.

II : Les contraintes pesant sur ce régime de réparation affectant les droits des animaux

Deux principales limites affectent cette réparation du préjudice écologique, et ont une conséquence directe sur les droits des animaux non domestiques protégés. Il s'agit en premier lieu des limites processuelles, car d'une part la réparation est indépendante de la volonté des parties de saisir ou non le juge et d'autre part le principe de l'immutabilité du procès vient brider le contentieux (A). En second lieu, il s'agit de la question de l'évaluation, en cas de réparation en nature impossible, qui dépend de l'appréciation du juge ce qui entraîne des disparités de réparation (B).

A) Les limites processuelles

L'ouverture de l'action à un nombre important de personnes est une décision judicieuse d'autant plus que la saisine du juge est dépendante de la volonté des représentants potentiels des animaux protégés. En effet, la logique de ce régime particulier veut que la personne, qu'il s'agisse d'une collectivité ou bien d'une association par exemple, saisit le juge afin de réparer une atteinte dont elle n'est pas la victime. Ce mécanisme de représentation peut constituer un réel obstacle dans la mesure où les frais de justice et la production de preuves lui incombent.

En plus de se voir limité en raison de la saisine du juge, le contentieux relatif au préjudice écologique est bridé par le principe de l'immutabilité.

D'ailleurs dans l'arrêt du 8 novembre 2018[1], la Cour de cassation a été confrontée à cette limite. En l'espèce, un couple avait prélevé un nombre important de grenouilles rousses classées comme espèce protégée ce qui avait provoqué la mort de milliers d'entre elles pendant leur période de reproduction. Cette infraction avait créé un trouble à l'écosystème, constituant donc un préjudice écologique. Néanmoins, la Fédération de Haute-Saône de pêche et de protection du milieu aquatique les a assignés seulement pour l'indemnisation de son préjudice moral. La Cour a évidemment confirmé l'arrêt de la Cour d'appel Besançon rendu le 16 mai 2017 en affirmant que ce prélèvement avait porté atteinte à leur objet statutaire et de ce fait son préjudice moral était fondé. Ce qui est plus intéressant c'est que les époux contestent la décision de la Cour d'appel d'avoir accordé l'indemnisation du préjudice moral de la fédération sans que celle-ci n'ait à justifier d'une opération de réintroduction de grenouilles rousses, donc sans que les juges du fond lui ordonnent d'utiliser cette somme à la réparation en nature de l'atteinte à l'environnement. Mais les demandeurs au pourvoi ont confondu les règles applicables au droit commun de la

---

[1] Cass. 3ème Civ., 8 novembre 2018, n° 17-26.180, note C.Dubois, « Quand la responsabilité civile patouille dans une mare à grenouilles », *Recueil Dalloz*, 2019 p.419.

responsabilité avec le régime spécifique applicable au préjudice écologique qui prévoit l'affectation de l'indemnisation à la réparation de l'environnement. Or la Fédération n'a pas soumis de demande concernant la réparation du préjudice écologique, dès lors une limite processuelle s'impose au juge, celle de ne pas se prononcer *extra petita*. La somme accordée pour l'indemnisation du préjudice moral de la Fédération ne servira pas obligatoirement à la réintroduction de grenouilles rousses, la Fédération pourra les utiliser comme elle l'entend, la réparation du préjudice moral étant soumise au principe de la non-affectation des dommages et intérêts.

Autre exemple, dans l'arrêt de la Cour d'appel de Versailles du 2 mars 2021[1], on assiste au contournement du régime de réparation du préjudice écologique par l'association. En l'espèce, l'association reproche à la société EDF Renouvelables France, en sa qualité d'exploitante du Parc éolien, comme les autres sociétés propriétaires des éoliennes, d'avoir causé et de continuer de causer des destructions d'individus de Faucon crécerellette. La Cour d'appel déclare les sociétés propriétaires du parc éolien responsables, sur le fondement de l'article 1240 du code civil, du préjudice moral subi par l'association France Nature Environnement et les condamne à verser la somme de 500 euros chacune à l'association France Nature Environnement (soit au total la somme de 3.500 euros) en réparation de son préjudice moral. L'association préfère invoquer l'article 1240 du code civil fondé sur la faute pour la réparation du préjudice moral et élude la demande de réparation du préjudice écologique, peut-être justement pour éviter l'application des nouveaux principes, notamment l'affectation des dommages et intérêts.

Or le Faucon crécerellette est un animal non domestique classé espèce protégée, l'association aurait très bien pu invoquer le préjudice écologique, mais elle ne l'a pas fait. Dès lors, la réparation en nature qui aurait pu être une réparation par

---

[1] CA Versailles, 2 mers 2021, n° RG 19/05299, Association FRANCE NATURE ENVIRONNEMENT C/ SASU EDF RENOUVELABLES FRANCE.

compensation en réintroduisant d'autres Faucons crécerellettes ou des espèces équivalente, se voit court-circuitée par la réparation du préjudice moral de l'association.

De même, le régime de réparation du préjudice écologique souffre de disparité en ce qui concerne l'évaluation du montant de l'indemnisation en cas de réparation en nature impossible.

B) Les limites de l'évaluation

L'arrêt du 22 mars 2016[1] est une illustration des difficultés soulevées quant à l'évaluation d'un préjudice écologique. La Cour de cassation précise que « ne justifie pas sa décision une cour d'appel qui, à la suite d'une pollution au fuel imputable à une société reconnue coupable d'infractions aux dispositions du code de l'environnement, déboute de sa demande une association, dont l'objet social est la protection des oiseaux, par des motifs pris de l'insuffisance ou de l'inadaptation du mode d'évaluation du préjudice écologique que celle-ci a proposé, alors qu'il lui incombait de chiffrer, en recourant, si nécessaire, à une expertise, le préjudice écologique dont elle avait reconnu l'existence, et consistant en l'altération notable de l'avifaune et de son habitat, pendant une période de deux ans, du fait de la pollution de l'estuaire de la Loire ». La Cour de cassation met à la charge du juge une obligation d'évaluer le préjudice écologique.

En effet, la Cour d'appel[2] avait débouté l'association de sa demande de réparation à cause de sa méthode de chiffrage du préjudice invoqué. Sa méthode de calcul comprenait une base de données correspondant à la destruction des oiseaux et au coût de leur réintroduction, mais aussi sur la part de son budget annuel

---

[1] Crim. 22 mars 2016, FS-P+B+I, n° 13-87.650, note A-S Epstein, « La réparation du préjudice écologique en droit commun de la responsabilité civile », *Dalloz 2016*, p 1236, B. Laurent, « Chronique de jurisprudence de la Cour de cassation », *Dalloz 2016*, p 1597 ; Voir aussi J-B. Perrier, « L'indemnisation et la nécessaire évaluation du préjudice écologique », *AJ Pénal 2016*, p 320 ; J-H. Robert, « Pollution de l'eau », *RSC* 2016, p 287.

[2] CA Rennes, ch. corr., 27 sept. 2013, n° 12/02138.

qui a servi pour la gestion de la baie polluée en cause pour demander une indemnisation relative à son action écologique de ces deux années. Cette méthode d'évaluation est rejetée par la Cour d'appel en raison du fait que l'association a confondu l'évaluation de son préjudice personnel et celle du préjudice écologique, cette méthode étant inadaptée car l'association reconnaît elle-même que ce chiffrage est approximatif. Cependant, la Cour d'appel ne substitue pas une autre méthode afin de réparer le préjudice écologique, elle déboute seulement l'association de ses demandes. La cassation partielle de cette décision montre qu'il revient au juge de prendre les mesures nécessaires afin d'évaluer lui-même le préjudice écologique pur. Il s'avère que les juges du fond sont tenus à ce devoir d'évaluation du préjudice lorsqu'ils admettent le principe de son existence, y compris lorsque les méthodes d'évaluation du demandeur sont lacunaires.

Le juge a eu parfois recours à certains de ces critères lors de la réparation de préjudices écologiques. Par exemple dans la décision du 13 mars 2006, la Cour d'appel d'Aix-en Provence a condamné un prévenu à payer 155 000 euros pour le préjudice matériel subi par l'office national des forêts à la suite de la destruction d'une centaine de chamois. L'office avait basé son calcul sur le barème de l'Office national de la chasse et de la faune sauvage ce qui a été validé par la Cour d'appel.

En outre, dans le jugement du 6 mars 2020[1], le Tribunal correctionnel de Marseille, a dû se prononcer sur la réparation du préjudice écologique engendré par des activités de pêche illégale sur le territoire du Parc national des Calanques. Le juge, la réparation en nature étant impossible, s'est penché sur la réparation par équivalent du préjudice écologique invoqué par le Parc. Le juge détaille le préjudice écologique découlant de la destruction de poulpes, oursins et poissons. Pour établir sa réparation, il retient qu' « au regard de l'expérience du Parc National des Calanques, de sa superficie et de ses résultats, que 5 011,39 euros sont en moyenne nécessaires pour accroître la

[1] TC Marseille, 6 mars 2020, n° 18330000441.

biomasse de l'écosystème des calanques de 2,7 kilos de poissons ou de poulpes ou 0,5 à 3 oursins, il importe d'évaluer à combien de reprise de telles biomasses ont été détruites du fait de leur action et ainsi savoir combien de fois ils devront payer la somme correspondante pour que les conséquences soient réparées ». Ce coût ramené à l'hectare permettra d'établir la réparation par équivalent.

L'objectif premier de la jurisprudence devra avoir pour perspective d'éviter les disparités entre les différentes juridictions. La nécessité de recourir à des expertises apparaît alors comme essentielle.

BIBLIOGRAPHIE

Ouvrages

Buffelan-Lanore Y. et Larribau-Terneyre V., *Droit civil, Les obligations*, 18ème éd., Dalloz Sirey, 2018-2019.

Huglo Ch., « Un défi moderne- Le juge judiciaire face aux nouveaux conflits dans le domaine de l'environnement », dans *Le juge entre deux millénaires*, Mél. à Pierre Drai, Dalloz, 2000, p. 619.

Maljean-Dubois.S :

- « Juge(s) et développement du droit de l'environnement. Des juges passeurs de frontière pour un droit cosmopolite ? », in *Le rôle du juge dans le développement du droit de l'environnement,* sous la direction d'O.Lecucq et S.Maljean-Dubois, A la croisée des droits, Bruylant Bruxelles, 2008.
- *Quel droit pour l'environnement ?*, les fondamentaux Hachette Supérieur, collection 02, Juillet 2008.

Martin G. J. :

- Droit de l'environnement, développement récent, Economica, 1988.
- Réflexions sur la définition du dommage à l'environnement : le dommage écologique "pur", in Droit et Environnement, Propos pluridisciplinaires sur un droit en construction, pp.115-130, P.U.F., Aix-Marseille, 1995, p 143.
- « Le préjudice écologique dans le code civil. Réflexions autour du nouveau régime de réparation du préjudice écologique introduit par la loi Biodiversité », Mélanges F. Collart-Dutilleul, LGDJ, 2017.

Martin G. J., Neyret L., *Nomenclature des préjudices environnementaux*, LGDJ, coll. Droit des affaires, 2012.

Prieur M., *Droit de l'environnement*, Précis, Dalloz, 8ème éd., 2019.

Rebeyrol V., *L'affirmation d'un droit à l'environnement et la réparation des dommages environnementaux*, lextenso édition, collection Doctorat et notariat, Tome 42, Défrénois, 2010.

Articles

Dubois C., « Quand la responsabilité civile patouille dans une mare à grenouilles », *Recueil Dalloz*, 2019 p.419.

Hautereau-Boutonnet M. :

- « L'après Erika devant les juges du fond », *JCP G,* n°19, 12 Mai 2014, 557. Note sous arrêt de la Cour d'appel de Nouméa du 25 Février 2014.
- « La consécration du concept d'obligation environnementale », *D.*, 2014, p 1335.
- « La reconnaissance du préjudice environnemental », *Environnement,* n°2, Février 2008, étude n°2.
- « L'Erika : une vraie-fausse reconnaissance du préjudice écologique », *environnement,* n°1, janvier 2013 étude 2.
- « Préjudice moral et atteintes à l'environnement », *D.,* 2010, p 912.

- « Quelle action en responsabilité civile pour la réparation du préjudice écologique », *Energie, Environnement, Infrastructure*, n°6, Juin 2017, dossier 14.
- « Réforme de la prescription civile et responsabilité environnement », *Environnement*, n°11, Novembre 2008, étude 14.

Martin G. et Neyret L., « Préjudice écologique : première application de l'éco-nomenclature. Arrêt rendu par la Cour d'appel de Nouméa, ch. Appels corr. 25-02-2014 n°2010/556 », *D.*, 2014, p 669.

Trébulle F-G. :

- « Indemnisation des dommages causés à l'environnement, vers une nouvelle ère », *Énergie - Environnement - Infrastructures* n° 3, Mars 2018, repère 3.
- « Droit de l'environnement », *D.,* 2012 n° 38, panorama p2557.
- « Expertise scientifique où l'on retrouve le dossier de la responsabilité liée à l'amiante », *Droit de l'environnement*, n°219, Janvier 2014, p 2.
- « La consécration de l'accueil du préjudice écologique dans le code civil », *Énergie - Environnement – Infrastructures,* n° 11, Novembre 2016, étude 20.
- « Les fonctions de la responsabilité environnementale : réparer, punir, prévenir », *D.,* 2009 p17.
- « Quelle prise en compte pour le préjudice écologique après l'Erika ? », *Environnement,* n°3, Mars 2013, étude 9.

Conservation de la faune sauvage et réintroduction des espèces menacées d'extinction

Par Virginie SAVARIT

Enseignante contractuelle et Doctorante en droit privé et sciences criminelles, I.F.T.J. - E.A. 7504, Université de Pau et des Pays de l'Adour

---

Face à la prise de conscience des dangers qui menacent le vivant et la biodiversité, la protection des animaux par le droit de l'environnement est un thème d'actualité majeur. Le dernier bilan réalisé en 2021 par le comité français de l'Union Internationale pour la Conservation de la Nature (UICN) fait état de 2 430 espèces menacées sur les 13 842 espèces évaluées en France métropolitaine et en outre-mer. Les causes de la disparition des espèces à conserver sont diverses, celles-ci pouvant être imputables à l'utilisation croissante voire la surexploitation des ressources naturelles, à la destruction des milieux naturels et des habitats, au phénomène d'urbanisation, à la pollution de l'eau, de l'air et des sols, ou encore au changement climatique. Alors que le nombre d'espèces menacées et disparues ne cesse d'augmenter, la nécessité de préserver la biodiversité ne fait plus de doute. Définie à l'article 2 de la Convention-cadre sur la diversité biologique du 5 juin 1992 comme « la variabilité des organismes vivants de toute origine y compris, entre autres, les écosystèmes terrestres, marins et autres écosystèmes aquatiques et les complexes écologiques dont ils font partie, cela comprend la diversité au sein des espèces et entre espèces ainsi que celles des écosystèmes », la biodiversité est une notion phare, entendue largement comme englobant tous les écosystèmes connus. Trois objectifs principaux sont fixés par cette Convention, parmi lesquels figure la conservation de la diversité biologique[1].

En effet, et eu égard l'ampleur de la régression de la biodiversité, la protection du patrimoine naturel constitue l'un des objectifs majeurs de notre époque. Cette protection se matérialise notamment par la conservation de la faune sauvage, autrement dit la conservation des animaux qui vivent à l'état naturel et qui ne sont pas tenus en captivité, ni apprivoisés, et ne font l'objet d'aucun droit de propriété. Il n'en demeure pas moins que la conservation de certaines espèces sauvages nécessite parfois que des actions soient menées, pour préserver et restaurer tant leurs populations que leurs habitats. En effet, de nombreux acteurs et défendeurs de la protection de la nature et de la préservation de la biodiversité mettent en œuvre des actions destinées à protéger les espèces et leurs habitats.

Instrument privilégié du maintien de la biodiversité, la réintroduction des espèces menacées d'extinction consiste à introduire un animal sauvage appartenant à une espèce en voie d'extinction sur le territoire où cette espèce évolue traditionnellement. Pour remédier à l'érosion de la biodiversité, les pouvoirs publics et les associations peuvent en effet réintroduire une espèce sur une zone qu'elle occupait autrefois mais d'où elle a été éliminée ou d'où elle a disparu. À ce titre, il convient de distinguer la conservation in situ qui a pour objectif la conservation de la faune sauvage dans son milieu naturel, de la conservation ex situ des espèces sauvages, réalisée en dehors de leur milieu naturel[2]. Les premières opérations de réintroduction d'espèces sur le territoire français datent du XIXème siècle. Parmi les nombreuses réintroductions

---

[1] La nécessité d'assurer la conservation de la biodiversité figurait déjà dans la Charte mondiale de la nature du 28 octobre 1982 (principe 2).

[2] Dans tous les cas, la réintroduction se différencie non seulement d'un transfert, qui consiste à déplacer des individus sauvages vers une autre zone où existe une population de la même espèce ; des actions de renforcement qui consistent à apporter de nouveaux individus à une population existante ; d'une introduction qui vise à établir une espèce dans un habitat adapté mais différent de son aire de répartition connue.

emblématiques, il est possible d'évoquer celle du lynx d'Europe dans l'Est de la France, du loup, ou encore celle de l'ours brun dans les Pyrénées. Sans revenir précisément sur chacune de ces réintroductions d'espèces, il s'agira surtout de s'interroger sur l'efficacité de cette mesure qui est instaurée et encadrée par le droit de l'environnement dans une finalité protectrice de l'animal. La réintroduction constitue-t-elle un outil de conservation optimal des espèces menacées de disparition ?

Si la réintroduction des espèces menacées constitue une mesure de protection de l'espèce animale par le droit de l'environnement (I), elle doit néanmoins composer avec certains intérêts antagonistes et connaît alors quelques limites (II).

I. La réintroduction des espèces menacées, mesure protectrice de l'espèce animale

Le droit de l'environnement permet au ministre chargé de la protection de la nature de délivrer des autorisations de réintroduction d'animaux appartenant à des espèces protégées lorsqu'elles sont menacées d'extinction. L'étude du champ d'application des mesures de réintroduction d'animaux (A) précédera celle de leur mise en œuvre (B).

A. Le champ d'application de la réintroduction des espèces menacées

Deux questions principales se posent quant à la délimitation du domaine relatif à la réintroduction des espèces menacées.

La première est celle de savoir quelles sont les espèces concernées par ces mesures de réintroduction. Il faut préciser au préalable que la législation relative à la protection de la faune sauvage ne vise pas toutes les espèces animales. Seuls les animaux non domestiques[1] et qui figurent sur des listes établies par arrêté sont concernés. C'est l'article L.411-1 du code de l'environnement qui a créé le statut général d'espèces de la faune

---

[1] Sur la notion d'espèce animale non domestique, v. C. env. art. R. 411-5.

protégée qui comprend les espèces figurant sur des listes qui sont fixées par arrêtés ministériels et établies afin de détailler les espèces animales protégées sur le territoire national. Il peut par exemple s'agir de la protection des oiseaux[1], des mammifères (tels que le chat sauvage, le loup, le lynx ou encore l'ours)[2], des reptiles, des insectes, des poissons et animaux d'eau[3] comme les tortues marines[4]. L'Union Internationale pour la Conservation de la Nature (UICN) établit par ailleurs des listes rouges qui tiennent compte des groupes d'espèces et des territoires afin d'apprécier plus précisément le degré de menace qui pèse sur ces espèces. Cet inventaire mondial permet en effet de recenser les espèces menacées d'extinction (plus de 30 000 espèces animales et végétales menacées y sont identifiées). Et, la liste rouge des espèces menacées en France vise à dresser un bilan objectif du degré de menace qui pèse sur ces espèces à l'échelle du territoire national. Les espèces menacées de disparition sont alors classées en plusieurs catégories, d'abord, celle des espèces en danger critique d'extinction, comme le bison d'Europe qui connaît un déclin continu et important, ensuite, celle des espèces en danger, tel que le lynx boréal ou encore la baleine bleue, et enfin, celle des espèces vulnérables, comme la noctuelle commune ou le cachalot par exemple. Cette classification en trois catégories, menacées d'extinction, en danger ou vulnérables, permet de mettre en place un régime juridique adapté à la protection qu'il est nécessaire de mettre en œuvre pour éviter l'extinction de l'espèce. Le critère déterminant est le risque d'extinction des espèces, ce dernier étant évalué en fonction de leur classement dans les listes rouges, de la taille de la population de l'espèce en question, ou encore du taux de disparition de son habitat naturel.

La deuxième question concerne la détermination du cadre légal de la protection juridique des animaux sauvages comme

---

[1] Arrêté du 24 avril 1979, remplacé par un arrêté du 17 avril 1981, ultérieurement modifier notamment par un arrêté du 29 octobre 2009.
[2] Arrêté du 23 avril 2007.
[3] Sur les espèces marines protégées : arrêtés du 1er juillet 2011, du 20 décembre 2004 et du 8 décembre 1988.
[4] Arrêté du 14 octobre 2005.

éléments de la biodiversité. La protection des animaux sauvages est organisée au niveau international, européen et national.

Pour qu'elle soit efficace, la protection de l'animal nécessite en effet une certaine européanisation voire internationalisation de cette protection, en ce sens qu'elle devrait être menée sur le territoire de plusieurs États. Plusieurs accords internationaux et directives européennes prévoient des dispositions relatives à la protection de la faune sauvage, et plus particulièrement à la réintroduction d'espèces menacées. Sur le plan international, la France est liée par de nombreux engagements internationaux dont il n'est pas nécessaire de dresser une liste complète tant les conventions relatives à la vie sauvage sont nombreuses. Il est possible de retrouver parmi les principaux engagements internationaux destinés à protéger la faune sauvage et à préserver la biodiversité la Convention de Bonn du 23 juin 1979 sur la conservation des espèces migratrices appartenant à la faune sauvage et la Convention de Berne du 19 septembre 1979 relative à la conservation de la vie sauvage et du milieu naturel de l'Europe[1]. Ces conventions accordent toutes deux une attention particulière aux espèces menacées d'extinction et invitent les États à prévoir la réintroduction de ces espèces en vue de leur conservation. Ainsi, la Convention de Bonn tend à assurer la conservation des espèces migratrices appartenant à la faune sauvage et mentionne à l'Annexe I les espèces en danger et à l'Annexe II celles qui présentent un état de conservation défavorable[2]. Plus largement, la Convention de Washington du 3 mars 1973, relative au commerce international des espèces de faune et de flore sauvages menacées d'extinction, tend elle aussi à préserver la biodiversité par la réglementation du commerce et du transport des espèces menacées d'extinction. Elle vise plus précisément à instaurer un contrôle du commerce international des espèces inscrites à ses annexes, et qui pourraient être affectées par de tels transferts, en réglementant les importations et les exportations de celles-ci. La conservation des espèces est également abordée dans la Convention de Rio du 22 mai 1992

---

[1] Décr. no 90-756 du 22 août 1990, JO 28 août.
[2] Décr. no 90-962 du 23 oct. 1990, JO 30 oct.

qui porte sur la diversité biologique[1]. Sur l'organisation internationale de la protection, un nombre important de textes organise le régime des espèces fragiles, notamment par leur réintroduction. En droit européen, plusieurs directives ont également permis d'assurer la protection des animaux sauvages et de favoriser le maintien de la biodiversité. La protection des espèces animales sauvages au sein de l'Union européenne repose principalement sur l'adoption de deux directives, d'une part, la Directive Oiseaux du 2 avril 1979 relative à la conservation des oiseaux sauvages et de leurs habitats, d'autre part, la Directive "Habitats" du 21 mai 1992, qui invite les États à étudier l'opportunité de réintroduire certaines espèces menacées d'extinction. Cette dernière prévoit notamment que le loup, en tant qu'espèce protégée, se voit reconnaître une protection sur le plan européen[2].

Qu'il s'agisse de conventions internationales ou de directives européennes, plusieurs textes encouragent la réintroduction des espèces de la faune sauvage lorsque celle-ci contribue à la conservation d'une espèce menacée d'extinction. Les autorités étatiques françaises doivent respecter les obligations qui relèvent de ces textes[3].

---

[1] Décr. no 95-140 du 6 févr. 1995, JO 11 févr.

[2] CE 30 déc. 1998, Ch. d'agriculture des Alpes-Maritimes et a., no 188159 A : JCP 1999. IV. 1856 ; Dr. envir. no 69, juin 1999, p. 8, note Bohbot. Les ministres de l'agriculture et de l'environnement sont tenus de modifier la liste des espèces protégées pour y inclure le loup dès lors qu'il s'agit d'une espèce protégée en Europe.

[3] Ainsi, la carence fautive des autorités étatiques dans la mise en œuvre des opérations destinées à assurer le maintien durable de ces espèces peut être sanctionnée. Tel a été le cas pour la conservation de l'espèce ursine dans le massif pyrénéen. Il a été jugé que le non-respect de l'obligation de rétablissement de l'ours brun dans un état de conservation favorable, prévue à l'article 2 de la Directive Habitats du 21 mai 1992, constituait une faute de nature à engager la responsabilité de l'État. V. TA Toulouse, 6 mars 2018, Assoc. Pays de l'Ours – ADET et Assoc. FERUS, no 1501887 (consid. 8, 9 et 10): AJDA 2018. 2344, note Bétaille ; RJ envir. 2019. 625, note Makowiak et Michallet; AJDA 2018. 540, note Maupin. V. aussi CAA Bordeaux, 5 juill. 2018, MEEM, no 16BX01183 : Dr. envir. 2018. 415 ; RJ envir. 2019. 625, note Makowiak et Michallet. Dans le même sens, et en ce qui concerne la protection

En droit interne, plusieurs lois se sont également préoccupées de la protection de l'animal sauvage, dont la loi n° 76-629 du 10 juillet 1976 relative à la protection de la nature, laquelle a créé le statut général d'espèces de la faune et de la flore protégées, ou plus récemment la loi Biodiversité n°2016-1087 du 8 août 2016. Ces différents textes ont trait à la protection de la diversité biologique. C'est dans ce cadre que l'article L.411-1 du Code de l'environnement énonce plusieurs interdictions « lorsqu'un intérêt scientifique particulier, le rôle essentiel dans l'écosystème ou les nécessités de préservation du patrimoine naturel justifient la conservation (…) d'espèces animales non domestiques ». Il est possible de citer, parmi les interdictions qui y figurent, « la destruction ou l'enlèvement des œufs ou des nids, la mutilation, la destruction, la capture ou l'enlèvement, la perturbation intentionnelle, la naturalisation d'animaux de ces espèces ou, qu'ils soient vivants ou morts, leur transport, leur colportage, leur utilisation, leur détention, leur mise en vente, leur vente ou leur achat ». Et, toute infraction aux dispositions de cet article peut donner lieu à des sanctions diverses. Cet article, issu de la loi du 10 juillet 1976, a été modifié à plusieurs reprises, par la loi n°95-101 du 2 février 1995, pour ajouter la perturbation intentionnelle et la détention des espèces animales protégées à la liste des interdictions par exemple, par la loi Grenelle 2 du 12 juillet 2010 pour ajouter « la destruction, l'altération ou la dégradation des sites d'intérêt géologique, notamment les cavités souterraines naturelles ou artificielles, ainsi que le prélèvement, la destruction ou la dégradation de fossiles, minéraux et concrétions présents sur ces sites » dans la liste des interdictions d'atteintes au patrimoine naturel, ainsi que par la loi du 8 août 2016. Plusieurs arrêtés viennent également se prononcer sur la question, fixant la liste des espèces protégées sur le territoire français. Les espèces les plus menacées et inscrites dans les arrêtés ministériels peuvent faire l'objet d'un plan d'action spécifique destiné à

---

des cétacés et le contrôle des activités de pêcherie, le retard considérable des autorités étatiques françaises dans la mise en œuvre d'actions destinées à lutter contre la surmortalité de cétacés sur la façade atlantique constitue une faute de nature à engager la responsabilité de l'État. V. TA Paris, 2 juill. 2020, Assoc. Sea Shepherd France, no 1901535/4-2 : AJDA 2020. 1389.

restaurer leurs populations et leurs habitats. Une liste annuelle des espèces ou groupes d'espèces devant faire l'objet d'un plan national d'actions (PNA) l'année suivante est fixée par le ministère du Développement durable. Une direction régionale de l'environnement, de l'aménagement et du territoire est ensuite désignée afin de coordonner et mettre en œuvre chaque plan. L'article L. 411-3 du Code de l'environnement prévoit que des plans nationaux d'action opérationnels pour la conservation ou le rétablissement des espèces protégées doivent être élaborés par espèce ou par groupe d'espèces. Les espèces concernées par ces plans d'action sont choisies en fonction du risque d'extinction qui est déterminé selon leur classement dans les listes rouges établies par l'UICN. Par exemple, un PNA en faveur des tortues marines des Antilles a été mis en place sur la période 2020-2029. La finalité première de ces PNA est de maintenir à un état de conservation favorable de ces espèces de la faune sauvage les plus menacées, de superviser la restauration de ces espèces ou de les réintroduire dans leur milieu naturel. Pour cela, ils visent à mettre en place un suivi cohérent des populations des espèces concernées, à mettre en œuvre des actions coordonnées favorables à leur restauration, à informer les acteurs concernés et le public et à faciliter l'intégration de la protection des espèces dans les activités humaines et dans les politiques publiques. Lorsqu'une espèce a disparu ou est sur le point de disparaître, des opérations de renforcement de population ou de réintroduction peuvent être menées grâce à ces plans. Ces outils prévoient donc la protection des certaines espèces animales sauvages à l'échelle nationale, afin d'assurer le maintien de ces espèces, voire leur rétablissement dans un état de conservation favorable.

B. La mise en œuvre de la réintroduction des espèces menacées

La réintroduction des espèces menacées est soumise à plusieurs conditions qui sont mentionnées dans différents textes, notamment la directive « Habitats » qui prévoit que les États membres ne procèdent à la réintroduction que lorsque l'efficacité de la mesure résulte d'une enquête et qu'il a été procédé, au préalable, à une consultation appropriée du public concerné. La première condition réside dans l'existence d'études préalables, celle du statut des populations sauvages, de la détermination des besoins caractéristiques de l'espèce afin de s'assurer que les conditions à son bon développement sont réunies, celle des conséquences potentielles de la réintroduction et des risques sanitaires, celle des réintroductions antérieures, ou encore celle de l'évaluation du site de réintroduction. La réintroduction ne peut alors être envisagée qu'à la condition de procéder au préalable à une étude en vue de rechercher si une telle réintroduction serait efficace. La deuxième condition tient aux consultations préalables du public. Les difficultés qui peuvent exister dans le cadre de la réintroduction d'espèces nécessitent que soit organisée une concertation avec le public qui s'y opposerait[1]. En droit français, les articles R411-31 à R411-41 du Code de l'environnement subordonnent à autorisation administrative les introductions de certaines espèces dans le milieu naturel et prévoient la composition du dossier de demande d'introduction, les modalités de l'information du public et des collectivités territoriales et les modalités d'instruction et de délivrance de l'autorisation.

À titre d'exemple, et en ce qui concerne le programme de réintroduction d'ours slovènes dans le massif pyrénéen qui a eu lieu en 1996 et en 1997, les lâchers d'ours ont été précédés d'études scientifiques et de la consultation de l'ensemble des élus et d'une large partie des populations, par la mise en place de plusieurs réunions d'information et de concertation. Les conditions de la réintroduction étaient donc bien réunies. Pour l'introduction d'ours slovènes supplémentaires dans les Pyrénées en 2006, là encore le plan de réintroduction avait été précédé de plusieurs études relatives aux expériences menées dans d'autres États européens, de la réalisation d'une évaluation approfondie des conséquences de cette réintroduction et la décision avait été précédée d'une concertation des élus locaux des territoires concernés, de différents acteurs, d'instances scientifiques et d'associations de protection de la nature. Ce n'est qu'à l'issue de cette concertation que la décision de procéder à la réintroduction

---

[1] Cette mesure est prévue à l'article 22 de la Directive.

des ours a été prise[1]. Un programme de réintroduction doit donc respecter plusieurs étapes cumulatives.

L'efficacité d'un programme de réintroduction tient à une enquête préalable et à la consultation du public concerné par la mesure.

Parmi les espèces de la faune sauvage, les espèces menacées bénéficient d'une protection juridique directe, tant au niveau national, qu'au niveau européen, ou encore international. La réintroduction des espèces en danger peut alors être envisagée, sous réserve de l'accomplissement de certaines conditions. Encore faut-il en outre, qu'aucune atteinte ne soit portée aux différents intérêts en présence.

II. La réintroduction des espèces menacées, mesure conditionnée par l'équilibre d'intérêts antagonistes

La réintroduction des espèces menacées s'inscrit dans la recherche d'un équilibre entre des intérêts divers et parfois antagonistes. Les principales limites et principaux obstacles à la réintroduction d'une espèce menacée relèvent des conflits potentiels d'intérêts qui peuvent survenir entre protection de l'environnement, intérêts scientifiques, sociaux et économiques. Pour cette raison, la sauvegarde d'une espèce menacée ne peut justifier une atteinte excessive portée aux autres intérêts en présence. Le juge administratif met souvent en œuvre un contrôle de proportionnalité afin d'étudier les avantages et les inconvénients d'une décision de réintroduction. La conséquence première de la recherche d'un tel équilibre réside dans le fait que des dérogations puissent être accordées au régime protecteur des espèces protégées afin d'assurer la sécurité publique. Tel est le

---

[1] CE 20 avril 2005, Assoc. pour le développement durable de l'identité des Pyrénées et a., no 261564 : Dr. envir. no 129, juin 2005, p. 125, concl. Aguila ; CE, ord., 9 mai 2006, Féd. transpyrénéenne des éleveurs de montagne et a., no 292398: JCP Adm. 2006, no 418, note Rouault. ; CE, 23 févr. 2009, n° 292397, Féd. transpyrénéenne des éleveurs de montagne et a.

cas de la destruction de ces espèces qui demeure toutefois exceptionnelle (A) et conditionnée (B).

A. La destruction exceptionnelle des espèces protégées au nom de la sécurité publique

Lorsqu'il s'agit de garantir la sécurité des personnes, des biens et des cultures, la protection de certaines espèces doit être conciliée avec des intérêts particuliers[1]. Pour certaines espèces prédatrices qui ont fait l'objet de mesures de réintroduction, tels que l'ours et le lynx par exemple, la coexistence avec les hommes peut s'avérer particulièrement difficile. Si cela ne remet pas en cause leur statut d'espèce protégée, des autorisations exceptionnelles de destruction peuvent toutefois être accordées selon les cas. En effet, certains animaux occasionnant des dégâts aux particuliers ou présentant un danger certain peuvent être détruits. En d'autres termes, si la protection des espèces reste le principe, ce dernier peut toutefois faire l'objet de dérogations, notamment pour assurer la sécurité publique et prévenir des dommages éventuels qui pourraient être considérables. En conséquence, les espèces menacées d'extinction qui devraient en principe bénéficier d'une protection accrue, et ce, essentiellement par le biais des opérations de réintroduction qui tendent à leur sauvegarde, peuvent au contraire se voir retirer toute protection lorsque la mesure de réintroduction porterait atteinte à la sécurité publique. Dans une telle hypothèse, la destruction peut être envisagée et la protection diminuée. Si la protection des espèces menacées est assurée par la mise en place d'un régime spécifique qui édicte de multiples interdictions, dont la destruction des espèces concernées, il n'en demeure pas moins que ces interdictions pourront parfois être levées.

Ces dérogations sont énoncées dans plusieurs textes. Tout d'abord, la Convention de Berne qui impose aux États signataires

---

[1] CE 23 févr. 2009, Féd. transpyrénéenne des éleveurs de montagne et a., n° 292397 : AJDA 2009. 400, note Pastor ; Envir. 2009, no 46, note Trouilly ; JCP Adm. 2008, no 11612, p. 19.

de prendre les mesures nécessaires à la conservation des espèces menacées, dont la liste est mentionnée en annexe II. Alors que l'article 6 de ladite Convention prévoit que pour certains animaux « toutes formes de capture intentionnelle, de détention, et de mise à mort intentionnelle » sont prohibées, l'article 9 permet de déroger à ces règles de protection lorsqu'il n'existe aucune autre solution satisfaisante pour « prévenir les dommages importants » occasionnés au bétail et « assurer la sécurité publique ». Dans le même sens, l'article 16 de la Directive du 21 mai 1992 envisage des dérogations possibles à la protection des espèces menacées, notamment lorsqu'il s'agit de prévenir des dommages importants et d'assurer la sécurité publique. L'article 411-2, I, 4° du Code de l'environnement a consacré en droit interne la délivrance de ces autorisations dérogatoires de destruction d'espèces protégées. Les dispositions de cet article permettent de déroger à la protection et aux interdictions qui sont énoncées à l'article L. 411-1 du même code. La destruction des espèces protégées est donc possible.

Ainsi, dans certaines situations exceptionnelles qui recouvrent des menaces de dommages imminentes et graves, les autorités compétentes doivent agir et écarter le danger pour la sécurité des biens et des personnes, et ce, en adoptant des dispositions ponctuelles, localisées et proportionnées. Un plan national d'action sur le loup, pour la période 2018-2023, a été adopté via deux arrêtés du 19 février 2018 qui fixent les conditions dans lesquelles des dérogations aux interdictions de destructions peuvent être accordées par les préfets. C'est au nom de la sécurité publique, et parce qu'elle est susceptible d'être menacée par l'action de certaines espèces animales, que le maire détiendra certains pouvoirs et qu'il pourra les exercer[1]. Il peut par exemple interdire la divagation des ours à une certaine distance d'un village[2]. Ces pouvoirs s'appliquent également à l'égard des loups en ce que le prélèvement de loups dans des zones de

---

[1] CE, sect. TP avis, 29 juill. 2008, no 381725 : EDCE 2009. 321 ; Envir. 2009, no 138, note Billet.

[2] TA Pau, 18 juill. 2000, France Nature Environnement : Dr. envir. no 84, p. 10, note R. R.

protection renforcée, dont la délimitation est précisée par arrêté préfectoral, pour une durée maximale d'un an est possible lorsque des dommages importants aux élevages sont avérés malgré les mesures de protection prises à leur égard. Cette autorisation est prévue à l'article 44, II, de la loi n°2014-1170 du 13 octobre 2014 d'avenir pour l'agriculture, l'alimentation et la forêt.

La reconstitution d'espèces menacées, par l'introduction d'animaux sauvages appartenant à une espèce en voie de disparition sur le territoire où elle évolue traditionnellement, doit être compatible avec la sécurité publique, des personnes et des biens. Si la mesure de réintroduction ne se concilie que difficilement avec ce principe de sécurité publique, la destruction des espèces protégées peut être envisagée. Elle n'en demeure pas moins encadrée afin de garantir la conservation de la faune sauvage, et plus largement la diversité biologique.

B. L'encadrement de la destruction des espèces protégées au nom de la conservation de la faune sauvage

La délivrance d'autorisations dérogatoires de destruction d'espèces protégées n'est possible que dans certaines circonstances. La destruction des espèces menacées ne peut en effet être mise en œuvre que sous réserve de certaines conditions cumulatives. À ce titre, l'article L. 411-2, 4° du Code de l'environnement précise qu'« un décret en conseil d'État détermine les conditions dans lesquelles sont fixées (…) la délivrance de dérogations aux interdictions mentionnées aux 1o, 2o et 3o de l'article L. 411-1, à condition qu'il n'existe pas d'autre solution satisfaisante (L. no 2016-1087 du 8 août 2016, art. 68) « pouvant être évaluée par une tierce expertise menée, à la demande de l'autorité compétente, par un organisme extérieur choisi en accord avec elle, aux frais du pétitionnaire,» et que la dérogation ne nuise pas au maintien, dans un état de conservation favorable, des populations des espèces concernées dans leur aire de répartition naturelle ».

La première des conditions qui justifie la destruction est l'absence de solution alternative satisfaisante. Cette notion, quoique relativement imprécise, signifie que la délivrance de la dérogation à l'interdiction est soumise à l'absence d'une autre solution satisfaisante. Des alternatives sont parfois possibles, soit le gardiennage pour protéger les troupeaux, soit le détournement vers d'autres territoires pour éloigner les prédateurs... La destruction est subordonnée à la condition qu'il n'existe pas de telles solutions pour prévenir les dommages importants au bétail. La deuxième condition est la nécessité de maintenir, dans un état de conservation favorable, les populations des espèces concernées dans leur aire de répartition naturelle, laquelle s'entend comme étant l'espace géographique dans lequel l'espèce animale se trouve naturellement. Cette condition suppose alors une régulation modérée et vise à maintenir la population concernée à effectif constant. Il s'agit en effet de prévenir un prélèvement qui, du fait de son importance, pourrait menacer le maintien des effectifs de la population de l'espèce concernée. Ainsi, le nombre maximum de loups dont la destruction est autorisée est limité et fixé chaque année par arrêté ministériel, de telle sorte que l'abattage des loups n'est possible que s'il n'entrave pas le maintien de cette espèce dans un état de conservation favorable, dans son aire de répartition naturelle. Conformément au principe de précaution, si un doute subsiste quant au fait de savoir si la dérogation serait susceptible de nuire au maintien des populations d'une espèce menacée dans un état de conservation favorable, l'État doit s'abstenir de l'adopter. La troisième condition tient à la justification de la dérogation par l'un des motifs fixés à l'article L.411-2 du Code de l'environnement. Ces dérogations ne sont en principe délivrées que dans l'intérêt de la protection de la faune sauvage et de la conservation des habitats naturels, ou pour prévenir des dommages importants « aux cultures, à l'élevage, aux forêts, aux pêcheries, aux eaux et à d'autres formes de propriété », ou dans l'intérêt de la santé et de la sécurité publiques ou pour d'autres raisons impératives d'intérêt public majeur. Ainsi, en cas de dommages constatés et causés par certaines espèces de la faune sauvage, la destruction peut être décidée par l'autorité administrative. Face aux dégâts provoqués par le loup chez les éleveurs, plusieurs recours ont été introduits par des associations de défense de l'environnement contre des arrêtés qui autorisaient la destruction de loups. Le juge administratif a rappelé que même en tant qu'espèce protégée, le loup peut être éliminé. Il en va de même pour l'ours pour lequel il a été jugé que n'est pas entaché d'illégalité un arrêté de protection de l'ours qui fixait les conditions dans lesquelles des autorisations de destruction pouvaient être délivrées afin de prévenir des dommages[1].

Ces dérogations, certes possibles, demeurent donc encadrées, afin d'assurer une protection minimale nécessaire des espèces protégées.

CONCLUSION

Face à la prise de conscience de la nécessité de préserver la nature, les animaux sauvages sont aujourd'hui protégés comme éléments de la biodiversité. Néanmoins, certaines espèces de la faune sauvage sont particulièrement menacées. La raréfaction, voire l'extinction, de celles-ci sur tout ou partie des territoires rend parfois indispensable la mise en place de réintroductions afin de restaurer et préserver leurs populations ainsi que leurs habitats. C'est ainsi que le droit de l'environnement propose de multiples instruments garantissant la protection des espèces de manière générale, et le maintien de la biodiversité plus spécifiquement. Ce dernier est notamment préservé par les mesures de réintroduction des espèces menacées de disparition.

La réintroduction constitue alors une mesure de protection directe de l'espèce animale menacée d'extinction et permet d'assurer son maintien, sa conservation, voire son rétablissement. Une telle réintroduction comporte cependant certaines limites, puisque des dérogations peuvent être apportées au régime de protection des espèces concernées, et ce, au nom de la sécurité publique et en vue d'assurer un équilibre entre divers

---

[1] CE 30 déc. 1998, Assoc. Artus, no 184310.

intérêts. Mais ces dérogations demeurent subordonnées à des conditions et soumises à un encadrement juridique.

À cette "protection directe" des animaux sauvages menacés, s'ajoute la protection des habitats qui les hébergent et des écosystèmes dont ils dépendent. La conservation des habitats des espèces protégées vient renforcer, cette fois-ci indirectement, la protection des espèces animales sauvages, de telle sorte que l'habitat des espèces à conserver mérite une protection équivalente à l'espèce elle-même. Le cumul d'une protection directe et indirecte de l'animal sauvage permettrait alors une protection renforcée de celui-ci par le droit de l'environnement.

BIBLIOGRAPHIE

G. AUDRAIN-DEMEY, « Aménagement et dérogation au statut d'espèces protégées : la « raison impérative d'intérêt public majeur » au cœur du contentieux », Dr. envir. 2019. 13.

X. BRAUD, « Opérations d'aménagement : le contrôle du juge sur les dérogations à la protection des espèces », Dr. envir. 2015. 334 ; « La consistance de la motivation d'une dérogation à la protection des espèces », Dr. env. 2015, n° 231, p. 63.

M.-F. DELHOSTE, « Déséquilibres biologiques : les limites de la protection des espèces sauvages » RD rur. 2000, n° 283.

B. HAGEGE-RADUTA, « L'expérimentation d'un droit de dérogation reconnu aux préfets (à propos du décret no 2017-1845) », Dr. envir. 2018. 191.

N. LINOSSIER, « Les introductions et les réintroductions d'animaux d'espèces non domestiques", thèse Lyon III, 1994.

S. JOLIVET, « L'espèce protégée de la loi de 1976 est-elle menacée ? », Dr. envir. 2016. 223 ; « De la survie des espèces menacées d'extinction à la lutte contre le déclin des populations. Réflexions sur l'efficacité du statut d'espèce protégée à partir du cas de la faune sauvage », RJ envir. 2020. 101.

J.-P. MARGUENAUD, « L'animal en droit privé », thèse Limoges, 1987, P.U.F. Limoges, 1992.

M. MASSOL, « Les dérogations espèces protégées : analyse du contentieux », 2020 (disponible sur le site de la DREAL Occitanie : http://www.occitanie.developpement-durable.gouv.fr).

M. PRIEUR, Droit de l'environnement, Précis, Dalloz, 8ème éd., 2019.

D. THIERRY, « D'un plan loup à un autre : un équilibre précaire entre respect d'une espèce protégée et défense des troupeaux » Environnement 2014, n° 11, p. 14.

P. TROUILLY, « La responsabilité de l'État du fait des mesures de protection de la faune et de la flore : dix ans de jurisprudence administrative », Environnement 2012, n° 11, p. 15.

Contractualisation des espaces naturels ordinaires et protection indirecte des animaux

Par Morgan LECHHAB-VACOSSIN

Doctorant en droit privé et sciences criminelles, I.F.T.J. - E.A. 7504, Université de Pau et des Pays de l'Adour

> « *Au cours des cinquante dernières années, l'Homme a généré des modifications au niveau des écosystèmes de manière plus rapide et plus extensive que sur aucune autre période comparable de l'histoire de l'humanité* »[1].

Ce constat, formulé par le Millenium Ecosystem Assessment (MEA), est un marqueur de cette réalité selon laquelle l'activité

---

[1] Millenium Ecosystem Assessment, Rapport de synthèse de l'Évaluation des Écosystèmes pour le Millénaire, 2005, p.18, 28 à 34.
Dans son avant-propos, le MEA se définit ainsi : « l'Évaluation des écosystèmes pour le Millénaire (EM) a été réclamée par le Secrétaire général des Nations Unies Kofi Annan en l'An 2000 dans son rapport à l'Assemblée générale de l'ONU, "*Nous les peuples: Rôle des Nations Unies au XXI Siècle* ". [...] L'objectif de l'EM était d'évaluer les conséquences de l'évolution des écosystèmes sur le bien-être de l'Homme et d'établir la base scientifique des actions requises pour un renforcement de la conservation des écosystèmes, de leur exploitation de manière durable et de leurs contributions au bien-être de l'Homme [...] Le rapport expose une synthèse et une intégration des résultats des quatre groupes de travail de l'EM (Condition et tendances, Scénarios, Réponses, et Évaluations aux échelles mondiales intermédiaires). Cette citation n'est que la retranscription parcellaire des premiers constats auxquels la MEA aboutit dans son rapport et dont le contenu doit être mentionné ici : « Résultat n°1 : Au cours des 50 dernières années, l'Homme a généré des modifications au niveau des écosystèmes de manière plus rapide et plus extensive que sur aucune autre période comparable de l'histoire de l'humanité, en grande partie pour satisfaire une demande à croissance rapide en matière de nourriture, d'eau douce, de bois de construction, de fibre, et en énergie. Ceci a eu pour conséquence une perte substantielle de la diversité biologique sur la Terre, dont une forte proportion de manière irréversible ».

humaine est la cause de « la sixième extinction massive de l'histoire de la Terre »[1]. Elle entraîne une perte de biodiversité multipliée par cent depuis le début du XXe siècle[2]. Plus récemment, le deuxième volet du sixième rapport du GIEC du 28 février 2022 a révélé que cette activité humaine est largement responsable du réchauffement climatique et de la perte de biodiversité, si bien que des actions doivent être menées pour restaurer les écosystèmes ou les sauvegarder dans l'attente que des mesures de fond soient entreprises par les pouvoirs publics sur ces questions vitales.

Parmi ces mesures, il en est une connaissant une importance croissante consistant en la protection conventionnelle des espaces naturels ordinaires. L'outil que représente le contrat permet de concourir à la sauvegarde de la biodiversité, de prévenir et réduire la vulnérabilité des territoires et d'apporter des solutions durables et consensuelles de protection de ces espaces naturels. Pour rappel, ces espaces sont peu valorisés mais constituent pourtant la plus grande majorité du territoire français.

Cette problématique n'est pas récente et a déjà fait l'objet d'études. Pour autant, il convient de relever qu'il n'existe pas de définition juridique des « espaces naturels » [3], ni même de nature[4], ou encore de « nature ordinaire ». Il faut alors se tourner un temps vers le langage courant, d'une part, puis vers les autres branches des sciences humaines (notamment la géographie), d'autre part, pour en déterminer les contours.

---

[1] BARRAU (A.), « Le plus grand défi de l'histoire de l'humanité », éd. Michel Lafon, 2020, p. 15. Version revue et augmentée.

[2] BARRAU (A.), ibidem, pp.16 et s.

[3] L'Observatoire National de la Consommation des Espaces Agricoles définit les espaces naturels comme « l'ensemble des espaces n'étant ni artificialisés, ni agricoles, ni forestiers exploités ». Voir LOISIER (A.-C.) et PETEL (A.-L.), Les enjeux de l'artificialisation des sols : diagnostic, Rapport du Comité pour l'économie verte, 2019, p. 9.

[4] v. TREILLARD (A.), « L'appréhension juridique de la nature ordinaire ». Thèse, ss. Dir. Jessica MAKOWIAK, 2019. pp.17-18 : « Parmi tous les horizons de pensées qu'offre le monde, il n'existe pas de définition unanime de ce qu'est la nature ».

- Un « espace » – Ce premier point ne pose pas spécialement de difficulté. Un espace est une « surface déterminée, à l'intérieur […] ou une surface découverte, un élément du paysage ».[1]

- « naturel » – En revanche, ce second point est autrement plus délicat à définir[2] car si ce terme, employé en la forme adjectivale, désigne ce « qui appartient à la nature, qui en est le fait »[3], à savoir ce « qui n'est pas le produit d'une pratique humaine »[4], il paraît ici laborieux de trouver ce qui – aujourd'hui encore – obéit à cette définition tant « l'influence directe ou indirecte des Hommes est omniprésente sur l'ensemble des milieux du globe »[5].

De son côté, Raphaël MATHEVET est parvenu à opérer une « typologie des différentes natures »[6] en fonction de l'intensité de cette influence. Plus encore, il en distingue quatre types[7] : une

---

[1] Définition du CNRTL, 2022.

[2] Nous n'aborderons pas ici les très nombreux débats sur la définition de la nature et sa différence avec le concept de biodiversité consacré à l'article 2 de la convention sur la diversité biologique (CDB) du 5 juin 1992. Pour cela, voir not. sur les conceptions des professeurs UNTERMAIER (J.), La conservation de la nature en droit public, Thèse de droit, Lyon II, 1972, p.4. ; PRIEUR (M.), Droit de l'environnement, Précis Dalloz, Paris, 8e ed., 2019, p.4. ; VAN LANG (A.), Droit de l'environnement, PUF, Paris, 2021, pp. 18-19. Plus précisément, l'ensemble de ces positions de doctrine ont été reprises et exposées avec justesse dans la thèse d'Aline TREILLARD, « l'appréhension juridique de la nature ordinaire » précitée, p. 19.

[3] Définition du Larousse, 2022.

[4] Définition du CNRTL, 2022.

[5] GODET (L.), « La *"nature ordinaire"* dans le monde occidental ». in. L'Espace géographique, vol. 39, no. 4, 2010, pp. 295-308, §17.

[6] Idem, §18.

[7] *Contra*, LESPEZ (L.) et DUFOUR (S.), « Les hybrides, la géographie de la nature et de l'environnement », Les annales de géographie, 2021/1, n°737, p. 58 à 85. Là où, selon ces auteurs, la distinction opérée par R. MATHEVET permet d'opérer un tri selon le « degré de naturalité », elle ne prendrait néanmoins pas en compte deux facteurs pourtant décisifs : les paysages ruraux et les villes. Les premiers seraient des « paysages construits » dont les « briques de base sont des objets hybrides depuis longtemps », des « ayant vécus » qui servent à la construction des bâtis. Les seconds seraient composés de « ses flux, ses habitats, ses non-humains » qu'il faudrait également « gérer et restaurer ». En somme, la différence faite entre les paysages ruraux et les villes ne doit pas

nature spontanée, une nature recomposée, une nature composée et une nature surcomposée. La nature spontanée correspond à celle qui ne doit son fonctionnement que des forçages écologiques[1] et non des mains de l'Homme. C'est cette catégorie de nature que l'on se représente majoritairement dans l'imaginaire collectif lorsque l'on parle de nature « sauvage », celle qui peut – quoiqu'encore – obéir aux définitions sus énoncées. Les trois autres catégories représentent la nature telle qu'elle est ou a été appréhendée par l'Homme, par des forçages anthropiques[2] : il faut comprendre par nature recomposée l'Homme qui s'est approprié la nature, mais l'a délaissée par la suite, traduisant alors une recomposition de la nature qui « reprend sa place » (la nature recomposée[3]) ; dans le troisième cas, la nature a été formée par lui et sert à une exploitation (la nature composée) ; enfin, la nature peut être entièrement « calculée, provoquée et imposée par l'Homme »[4] (la nature surcomposée).

Il résulte de cette typologie une prise en compte des forçages anthropiques pour distinguer selon deux catégories : la nature sauvage et les autres natures. La nature sauvage est celle qui est susceptible de faire – ou qui fait déjà parfois – l'objet d'une protection toute particulière (certains types d'espaces protégés), internationale et nationale en tant qu'elle est expressément

---

être fondée sur un critère de matérialité, mais sous l'angle du vivant, jugeant ces catégories modernes comme piégeuses et trop ambiguës.

[1] Le terme de « forçage écologique » n'a pas de définition en sciences sociales ou en biologie. Selon nous, il conviendra simplement de retenir que le forçage écologique est une force, une emprise, exercée soit par une personne, soit par une chose sur quelqu'un ou quelque chose d'autre. Au cas précis, cette expression pourrait s'entendre comme des forces de nature écologique qui s'exercent sur la nature. La nature spontanée en est la représentation la plus éclairante.

[2] La définition retenue pour l'expression de « forçage écologique » trouve à s'appliquer ici, à ceci près que l'emprise exercée sur la biodiversité n'est pas d'origine écologique, mais humaine. La question de l'artificialisation des sols en est l'un des enjeux majeurs.

[3] Pour illustrer ce point, il suffira de donner l'exemple des exploitations agricoles, lesquelles semblent entrer dans la catégorie de nature recomposée.

[4] Idem, GODET (L.).

reconnue et consacrée comme telle. La raison en est que la gestion de ces espaces naturels protégés garantit la fourniture de services écosystémiques, c'est-à-dire un service gratuit rendu par la nature. Il en existerait quatre au total (d'approvisionnement, de régulation, de support et culturel). Ces services dit écosystémiques sont essentiels à l'existence de certaines espèces ou groupes d'espèces (faune/ flore) mais aussi, de façon plus anthropocentrée, à la société. Partant, il est facile d'imaginer que leur protection devient indispensable tant les avantages qu'ils apportent sont nombreux et précieux.

La seconde catégorie regroupe les autres types de nature, à savoir celles qui sont les plus anthropisées et, quelque part, laissées-pour-compte. Ce sont les espaces naturels ordinaires[1].

Les espaces naturels protégés – Elles font l'objet d'une réglementation toute particulière pour encadrer la sauvegarde des espèces rares (faune/flore) ou en voie de disparition, mais aussi des espaces naturels protégés. À ce titre, Adrienne BONNET et Virginie SAVARIT exposent très justement dans leurs contributions respectives un ensemble de normes qu'il conviendra seulement de rappeler ici pour ne pas y revenir, démontrant la réglementation des espaces protégés, telles que la convention de Rio, la convention de Ramsar, la directive « Oiseaux », la directive n°92/42/CE dite directive « Habitat », la directive 98/58/CE, la directive 1999/74/CE ou, enfin, le Réseau Natura 2000.

Les espaces naturels ordinaires – Ils ne font l'objet d'aucune protection particulière[2]. C'est pourtant une notion surprenante car, loin de susciter une attention particulière des sciences sociales de prime abord, elle a été appréhendée en premier lieu en matière de conservation de la nature. Ce n'est que

---

[1] GODET (L.), « La *"nature ordinaire"* dans le monde occidental ». in. L'Espace géographique, vol. 39, no. 4, 2010, p.299.

[2] Dans le cadre de notre analyse, nous adopterons une conception large de « protection ». Pour comprendre la distinction entre cette notion et celle de bien-être animal, v. les propos introductifs d'Adrienne BONNET,

dans un second temps qu'elle a fait l'objet d'études juridiques[1]. À dire vrai, d'aucuns ont admis que les bouleversements provoqués par l'activité humain n'impactait pas seulement le biotope et la biocénose – à savoir les zones naturelles les plus sensibles – puisque faisant déjà l'objet d'une large intervention des acteurs publics nationaux et supranationaux, mais aussi ce qui avait de plus commun. Si la définition de la notion de nature ordinaire ne fait l'objet d'aucun consensus, l'ensemble des définitions a permis d'en déterminer les traits les plus saillants. Selon Raphaël METHEVET[2], il conviendrait d'entendre par « nature ordinaire » celle qui appartiendrait aux trois catégories sus-énoncées, à savoir les natures composée, recomposée et surcomposée, à l'exclusion donc de la nature sauvage. La nature ordinaire opère alors une forme de transition entre une nature qui ne serait pas tout à fait « sauvage » et un espace qui ne serait pas entièrement anthropisée non plus.

À titre de comparaison avec les espaces protégés, notons que le réseau des Conservatoires d'espaces naturels « intervient dans la gestion de 145 000 hectares répartis sur 3 800 sites »[3]. Cette forte protection englobe les parcs nationaux, réserves naturelles, sites classés, acquisitions du Conservatoire de l'espace littoral et des rivages lacustres, en ce compris les zones gérées par les parcs nationaux et les autres formes de protection telles que les zones

---

[1] Pour s'en convaincre : préc. TREILLARD (A.), « L'appréhension juridique de la nature ordinaire ». Th. Droit. ss. dir. Du Pr. Jessica MAKOWIAK, Université de Limoges, 2019 ; PIERRE (G.), « Réhabiliter la nature ordinaire, une approche participative », Norois, 2016/4, n°241, pp. 105 à 108. ; ROUSSO (A.), « Le principe de solidarité écologique ou l'irruption de la science dans le droit », Revue juridique de l'environnement, 2019/3 (vol. 44), pp. 479 à 498. ; Préc. GODET (L.), « La "*nature ordinaire* " dans le monde occidental », in. L'Espace géographique vol. 39, no. 4, 2010, pp. 295-308.

[2] Le triptyque ci-avant décrit a été systématisé par R. METHEVET en 2004, et cité par L. GODET dans l'article précédent.

[3] https://reseau-cen.org/fr/decouvrir-le-reseau/les-sites-proteges. Pour se faire une idée des outils juridiques mis à la disposition des individus et des collectivités, voir le site internet de l'Inventaire National du Patrimoine Naturel (INPN) : https://inpn.mnhn.fr/accueil/donnees-referentiels

protégées par les plans d'occupation des sols[1]. *A contrario*, le pourcentage des espaces ne faisant pas l'objet de protection relève de la nature ordinaire, ce qui peut représenter jusqu'à environ soixante-quinze pour cent (75%) du territoire français[2]. Difficile de concevoir qu'aucun régime de protection n'ait été valablement conçu à cette fin de protection.

Dès lors, eu égard à l'urgence de sauvegarder ces espaces naturels ordinaires, quelle protection est-il possible de leur accorder ?

L'article L.110-1 du Code de l'environnement donne une indication de ce qu'il importe d'entendre dans le terme « environnement », sous forme d'inventaire à la Prévert[3], plus ou moins exhaustive – à quoi l'on ajoute un nouvel arrivant, la « qualité de l'eau »[4] apparu grâce à la loi n°2021-1104 du 22 août 2021 portant lutte contre le dérèglement climatique. Cette liste d'objets est expressément qualifiée de « patrimoine commun de la nation »[5] et sa protection constitue une mission d'intérêt général[6]. Cette mission est généralement confiée à la puissance publique en tant qu'elle peut prendre toutes les mesures de police et de gestion nécessaires à son bon accomplissement. Auparavant, cela faisait d'ailleurs du droit de l'environnement une branche du droit public. Désormais, au-delà de ces mesures, l'environnement connaît également une forte phase de contractualisation et de privatisation permettant ainsi de rebattre les cartes de la protection de la biodiversité et de l'environnement sous un autre angle. En effet, même si le contrat ne constitue pas une réponse parfaite à l'objectif recherché, il permet néanmoins

---

[1] GIRAUDEL (C.), La protection conventionnelle des espaces naturels. Étude de droit comparé de l'environnement », PULIM, 2000, pp.15-16.

[2] Idem.

[3] L'article L. 110-1 I du Code de l'environnement dispose que « Les espaces, ressources et milieux naturels terrestres et marins, les sons et odeurs qui les caractérisent, les sites, les paysages diurnes et nocturnes, la qualité de l'air, la qualité de l'eau, les êtres vivants et la biodiversité font partie du patrimoine commun de la nation. »

[4] Article L. 110-1 I alinéa 1 dudit code.

[5] Même alinéa.

[6] Article L. 110-1 II dudit code.

d'encadrer la nature ordinaire en raison de l'urgence qu'il y a à la défendre et l'on peut imaginer, sans verser dans l'idéalisme, que les acteurs privés et publics peuvent, ensemble ou alternativement, et sans oublier l'objet qu'ils se sont respectivement fixés dans les conventions, concourir à cet effort purement altruiste.

À la lumière de l'ensemble de ces éléments, une interrogation : la contractualisation des espaces naturels permet-elle dans le même temps de garantir la protection indirecte des animaux via la protection de leur habitat et de sauvegarder les intérêts en présence ?

Nous pensons que ce phénomène de contractualisation est favorable à la protection des espaces natures ordinaires et à la sauvegarde de l'ensemble des intérêts privés/ publics. En effet, le contrat est un outil juridique de droit commun parfaitement mobilisable pour pallier le manque de cadre réglementaire dans le domaine des espaces naturels ordinaires. Il a l'avantage de s'appliquer en l'absence de toute disposition spéciale préexistante et s'applique à tous les domaines du droit, privé comme public, sous couvert de l'ordre public et les bonnes mœurs. Même si les finalités du droit privé et du droit public diffèrent par égards, on observe cette tendance se dessiner de tout horizon, aussi bien du côté des personnes privées que des collectivités locales, ainsi qu'une vraie participation à la protection des espaces naturels ordinaires.

Nous pensons également que ce phénomène de contractualisation est favorable à une large protection des espaces naturels ordinaires. La voie du contrat apporte du dynamisme dans les situations qui supposent qu'une action soit apportée rapidement, de la prévisibilité et des sanctions efficaces *ex post* pour répondre de la réalisation du dommage. Sur ce point, on observera une forme de communication à double sens, entre appropriation des sanctions de droit privé par le droit de l'environnement et appropriation des principes directeurs du droit de l'environnement par le droit privé. Finalement, l'approche volontariste du contrat paraît aussi une solution viable pour apporter de la malléabilité dans la protection de l'environnement, là où, par moment, les réponses apportées par le *hard law* peuvent s'avérer trop rigides et manquer d'efficience. Cet ensemble forme un tout permettant d'apporter une réponse, certes indirecte, à la question des animaux, mais aussi à la sauvegarde de tous les intérêts en présence sans remettre fondamentalement en cause notre conception anthropocentrique du droit.

Aussi nous importera-t-il d'aborder les justifications à ce phénomène de contractualisation de la protection des espaces naturels ordinaires (I), puis d'en expliquer les conséquences (II).

I- Les justifications à la contractualisation des espaces naturels ordinaires

La contractualisation des espaces naturels agit en tout premier lieu comme un palliatif à leur manque de réglementation (A). Cette incitation à la protection de la nature par le contrat permet de faire des personnes privées et publiques des acteurs impliqués pour elle (B).

A) Le contrat comme outil complétif du système normatif de protection des espaces naturels ordinaires

Il s'agit ici de démontrer que le contrat peut constituer un juste outil de production de la norme en tant qu'il vient ici compléter horizontalement - i.e. entre les contractants - des dispositions d'ores et déjà existantes verticalement - à savoir produites par le législateur[1].

Cette idée part du postulat selon lequel le droit de l'environnement, comme de nombreuses autres branches du droit, connaît une phase importante (et ancienne) de

[1] s. l'effet complétif du contrat, v. MEKKI (M.), « Le contrat, vecteur du devoir de vigilance », Dossier spécial « RSE et devoir de vigilance », Revue Lamy Droit des affaires, mai 2015.

contractualisation[1]. Même si celui-ci connaît des limites inévitables lorsqu'il est question du pouvoir de police des autorités administratives[2], il est possible d'imaginer qu'en dehors de cette hypothèse justifiée par des nécessités d'intérêt général, les acteurs de la protection de la nature ordinaire puissent procéder – eux aussi – par voie de contrat[3].

On le rappelle, l'article 1101 nouveau du Code civil dispose que « le contrat est un accord de volontés entre deux ou plusieurs personnes destinées à créer, modifier, transmettre ou éteindre des obligations ». À ce titre, et conformément à l'article 1102 du Code précité relatif au principe de liberté contractuelle, les parties sont parfaitement libres de contracter, ou de ne pas contracter (sous couvert de l'ordre public et des bonnes mœurs). Cela est d'ailleurs cohérent. La doctrine a pu établir qu'il existait plusieurs types de contrats à finalité environnementale, à savoir les contrats environnementaux à proprement parler, permettant de prévoir des stipulations purement environnementales destinées à gérer, prévenir les risques environnementaux et d'en

---

[1] Pour s'en convaincre, v. SUPIOT (A.), « La contractualisation de la société », courrier de l'environnement de l'INRA, n°43, mai 2001, publié sur le site internet du Collège de France.

[2] VAN LANG (A.), Droit de l'environnement, 2021, PUF, 66. p. 45. Dans son ouvrage, l'auteur précise que le « phénomène de contractualisation des rapports de l'administration avec ses interlocuteurs trouve sa limite dans la protection de l'ordre public », les autorités disposant d'un pouvoir de police ne pouvant le déléguer par voie contractuelle.

[3] Vanessa MONTEILLET relève d'ailleurs qu' « un certain consensus semble se dégager en doctrine autour d'une signification unitaire de la contractualisation », s'appuyant notamment sur la définition retenue par ANCEL (P.) « Contractualisation », dans le Dictionnaire de la justice, sous la direction de CADIET (L.), Paris, PUF, 2004, p.231. v. CHASSAGNARD-PINET (S.) et HIEZ (D.), dir., « Le système juridique français à l'ère de la contractualisation, in. La contractualisation de la production normative (acte de colloque des 11 à 13 octobre 2007, Université de Lille), p. 100. Le contenu de cette définition peut être résumé ainsi : « le terme semble employé pour rendre compte de l'intrusion et du rôle croissant du contrat – ou plus largement de la convention, entendue comme accord de volontés en vue de faire naître des effets juridiques – dans des domaines de la vie sociale qui étaient traditionnellement regardés comme échappant au libre jeu des volontés privées pour être soumis à des règles impératives, et/ou pour relever de décisions unilatérales de la puissance publique ne supposant pas l'accord des personnes intéressées ».

prévoir les sanctions, d'une part, et les contrats prévoyant des stipulations environnementales accessoires, d'autre part. L'exécution du contrat porte alors sur une prestation principale étrangère auxdites stipulations environnementales. Autrement dit, à défaut de disposition spéciale, il semblerait logique et bienvenu que le droit civil – le droit commun – prenne toute sa place dans la protection des espaces naturels ordinaires et ce à plus forte raison que le législateur s'est peu emparé de cette problématique.

Un exemple topique de cette contractualisation est celui de la loi n°2016-1087 du 8 août 2016 de reconquête de la biodiversité, de la nature et des paysages qui, dans un article L.132-3 du Code de l'environnement, est venu consacrer le mécanisme de l'obligation réelle environnementale (ORE). Ce mécanisme permet aux propriétaires fonciers de faire naître sur leur terrain – et non sur leur tête – une obligation de protection de l'environnement qu'ils concluent avec une personne morale de droit public ou de droit privé. Les stipulations ainsi prévues par les parties peuvent être de toute sorte tant qu'elles ont pour objectif le maintien, la conservation, la gestion et la restauration d'éléments de la biodiversité ou encore de services écosystémiques. Les objectifs de cette obligation sont multiples. Sur ce point, le Comité pour l'économie verte (CEV) a publié un rapport le 18 février 2019[1] soutenant que ce mécanisme pouvait également être employé dans l'idée d'appréhender le phénomène d'artificialisation des sols[2].

---

[1] Précisons. Le Comité pour l'économie verte a été sollicité par le ministère de la transition écologique et solidaire et le ministère de l'économie et des finances, le 31 janvier 2018.

[2] LOISIER (A.-C.) et PETEL (A.-L.), Les enjeux de l'artificialisation des sols : diagnostic, Rapport du Comité pour l'économie verte, 2019 : Il y est notamment fait état des principaux éléments de constats et de recommandations, lesquels se divisent en 8 points successifs, à savoir : Le phénomène multi-dimensionnel croissant de l'artificialisation des sols, la sous-utilisation des espaces urbains, le coût généré par l'artificialisation des sols pour la société, les raisons de cette artificialisation, le clivage entre la politique de gestion des espaces urbains et celles des espaces agricoles et forestiers (ENAF), les outils réglementaires et économiques utilisés dans la lutte contre l'artificialisation des sols, la nécessité

Partant, il serait aisé d'imaginer que les parties puissent s'engager au travers de l'ORE à exécuter toutes les missions sus énoncées en vue de protéger un espace naturel ordinaire. Le CEV précise également que « les ORE […] pourraient par exemple être employées pour s'approcher des mécanismes de réserves naturelles volontaires, ou favoriser la protection des espaces agricoles péri-urbains »[1], constituant par-là un parfait palliatif au manque de réglementation des espaces naturels ordinaires.

Très prosaïquement, on observe qu'une obligation réelle environnementale a été mise en place pour la première fois[2] dans l'Orne entre les héritiers d'un propriétaire fermier et le Conservatoire des espaces naturels pour la durée de cinquante ans. Parmi ces obligations, a notamment été stipulée la prohibition par le nouvel acquéreur et les éventuels propriétaires successifs de faire l'usage de produits phytosanitaires[3] dans le but de sauvegarder la biodiversité sur ces terres.

Ainsi, l'introduction d'une protection contractuelle des espaces naturels assure leur sauvegarde et implique, au moins indirectement, une protection des espèces faunistiques

---

de redéfinir efficacement l'objectif « zéro artificialisation nette » et, enfin, la nécessité d'articuler une politique de maîtrise de l'artificialisation avec les enjeux de la biodiversité, de logement, d'alimentation, de climat, de développement économique, ou encore d'attractivité du territoire.

[1] Préc. p. 28 et 29. Les auteurs rappellent que la création des réserves naturelles volontaires, ouvrant « la possibilité à un propriétaire de faire classer son terrain comme réserve, classification pour les terrains présentant un « *intérêt scientifique et écologique particulier* » soumise à l'approbation des services du ministère en charge de la protection de la nature », datait de 1976 et a été supprimé en 2002.

[2] Aline TREILLARD précise que la toute première obligation réelle environnementale a été conclue le 14 mai 2018 entre le Conservatoire d'espace naturel de Savoir et la commune de Yenne portant sur la conservation et la gestion du marais Lagneux situé en bord de Rhone. Préc. Voir p. 117.

[3] En l'espèce, les héritiers ont décidé de stipuler une vingtaine d'obligations dans le but de protéger les espèces naturelles et des espèces protégées présentes sur les lieux : une orchis grenouille (un type d'orchidée) et des papillons gazés. v. sur le site internet : https://france3-regions.francetvinfo.fr/normandie/orne/premiere-orne-terrain-prive-protege-sa-biodiversite-1673143.html

communes. Outre la recherche d'une protection des espaces naturels ordinaires, leur contractualisation, notamment par la voie de l'ORE, d'un contrat de gestion ou d'un réseau Natura 2000, répond à un objectif d'éveiller parmi ses acteurs une véritable prise de conscience écologique, un comportement altruiste ou, à tout le moins, un comportement qui – même s'il est justifié par d'autres considérations que celles de protection de la biodiversité – favorise ou accompagne cette démarche volontaire de protection de l'ordinaire.

Plus qu'un simple palliatif, ce phénomène de contractualisation incite l'ensemble des acteurs privés et publics à s'engager pour l'émergence d'une protection conventionnelle des espaces et espèces communs (B).

B) Un dispositif incitatif pour l'engagement des acteurs privés et publics

Nous l'avons admis, l'appropriation des espaces naturels ordinaires par le droit commun permet de pallier les quelques insuffisances observées précédemment. Dorénavant, il convient d'établir que ce dispositif est incitatif à deux égards. Premièrement, il permet à un ensemble d'acteurs privés et publics de s'engager plus ou moins spontanément dans la protection desdits espaces. Secondement, ce dispositif apporte avec lui son lot d'outils contractuels et financiers permettant de s'assurer de la bonne pratique de ces acteurs.

En effet, toutes les personnes, physiques ou morales, ont vocation à s'engager dans la protection des espaces naturels ordinaires. Les exemples sont pléthores. Il peut d'abord s'agir des particuliers qui souhaitent s'engager conventionnellement dans la protection de la biodiversité se développant sur leur propriété. Il peut également s'agir des professionnels, notamment les agriculteurs, qui s'engagent volontairement à n'utiliser aucun pesticide sur leurs terres ou à s'orienter vers un verdissement de leurs pratiques dans le cadre d'obligations agroenvironnementales, des associations de protection de l'environnement et des conservatoires qui vont recenser les espèces animales communes vivant dans les espaces non protégés et promouvoir le patrimoine naturel et culturel. Il peut enfin s'agir des collectivités territoriales qui vont construire des installations à même d'assurer, par exemple, la sécurité de la faune et des conducteurs ou de combattre l'artificialisation des sols en vue de sauvegarder les espaces non bâtis.

L'ensemble de ces acteurs agissant à plus ou moins grande échelle contribuent, par leurs engagements, contractuels et spontanés, à la protection des espaces naturels et espèces ordinaires.

À ce titre, les dispositions de l'article L. 411-27 du Code rural applicables en matière de baux ruraux sont révélatrices de la volonté du législateur de prendre en compte l'environnement au sein du milieu agricole[1]. Outre l'application des dispositions des articles 1766 et 1767 du Code civil auxquelles l'article renvoie lui-même pour les obligations traditionnelles du preneur à bail[2], celui-ci dispose en substance en son alinéa 2 qu'aucune demande en résiliation du contrat de bail ne pourra être soulevée à l'égard du preneur à bail si elle a pour objet de venir critiquer les pratiques de celui-ci, lesquelles ont pour finalité la préservation de la ressource en eau, de la biodiversité, des paysages, de la qualité des produits, des sols et de l'air, de la prévention des risques naturels et de la lutte contre l'érosion.

Pris cette fois sous l'angle du bailleur, l'article L. 411-27 alinéa 3 du même code dispose que pareils engagements peuvent

---

[1] Entré en vigueur en 1988, l'article ici cité a été modifié par une loi n°99-574 du 9 juillet 1999 intégrant un alinéa 3 particulièrement intéressant, puis modifié à nouveau par la loi n°2006-11 du 5 janvier 2006, la loi n°2010-874 du 27 juillet 2020 avant d'être modifié/ refondu par la dernière loi de 2014 dont s'agit. Les propos qui suivront ne sont donc pas nouveaux, mais illustrent une nouvelle fois cette démarche de contractualisation et de protection des espaces naturels ordinaires.

[2] Article L.411-27 alinéa 1 du Code rural : « Le fait que le preneur applique sur les terres prises à bail des pratiques ayant pour objet la préservation de la ressource en eau, de la biodiversité, des paysages, de la qualité des produits, des sols et de l'air, la prévention des risques naturels et la lutte contre l'érosion ne peut être invoqué à l'appui d'une demande de résiliation formée par le bailleur en application du présent article »

être prévues au contrat de bail à l'égard du preneur à bail dans trois hypothèses[1].

L'action ainsi menée par le législateur en 1999 et en 2006 est louable à trois égards. Premièrement, cette action permet d'entraver le jeu de la résiliation contractuelle dans le cas où le preneur à bail – en œuvrant pour la protection de l'environnement – ne respecte pas totalement la destination faite du fonds agricole prévue à l'article 1766 du Code civil. Deuxièmement, en prévoyant de telles dispositions, le législateur, qui a déjà permis aux « collectivités publiques de modifier les baux ruraux et leur fournissant des modes d'utilisation du sol pour prévenir les inondations et leurs conséquences »[2], a tenté là aussi de donner aux agriculteurs les outils nécessaires pour s'adapter aux défis sociaux, économiques et environnementaux et lutter (notamment) contre l'agriculture intensive[3]. Enfin, le législateur a prévu, à l'inverse, que le bailleur puisse stipuler lui-même des

---

[1] Il existe trois cas de figure :
« - pour garantir, sur la ou les parcelles mises à bail, le maintien de ces pratiques ou infrastructures,
- lorsque le bailleur est une personne morale de droit public, une association agréée de protection de l'environnement, une personne morale agréée "entreprise solidaire", une fondation reconnue d'utilité publique ou un fonds de dotation,
- pour les parcelles situées dans les espaces mentionnés aux articles L. 211-3, L. 211-12, L. 322-1, L. 331-1, L. 331-2, L. 332-1, L. 332-16, L. 333-1, L. 341-4 à L. 341-6, L. 371-1 à L. 371-3, L. 411-2, L. 414-1 et L. 562-1 du code de l'environnement, à l'article L. 1321-2 du code de la santé publique et à l'article L. 114-1 du présent code à condition que ces espaces aient fait l'objet d'un document de gestion officiel et en conformité avec ce document. »

[2] PRIGENT (S.), « Non-respect des clauses environnementales », Répertoire de droit immobilier, Dalloz, 528. Octobre 2013 (actualisation : décembre 2020).

[3] Voir CAMPELS (Ch.), « À propos de la loi d'orientation agricole n°99-574 du 9 juillet 1999 », D. 2000, n°21, p. 325. On rappellera de façon accessoire à notre analyse l'incroyable capacité de stockage de CO_2 des sols agricoles. Au-delà pour ces acteurs d'entretenir les espaces naturels environnants, cette démarche participe également à une réduction des émissions de gaz à effet de serre.
L'exposé des motifs de la loi n°2006-11 du 5 janvier 2006 du 5 janvier 2006 d'orientation agricole font état de la volonté du législateur de « sout[enir] les démarches en faveur de l'environnement sur les territoires et [d'] accompagner le développement de l'agriculture biologique ».

obligations environnementales au sein du bail rural, l'agriculteur n'ayant plus qu'à y adhérer ou non (contrat d'adhésion).

Pour favoriser l'intervention des acteurs dans la protection des espaces ordinaires, quelques outils incitatifs ont été pensés. Ceux-ci peuvent être financiers – comme les aides d'États destinées aux agriculteurs, par exemple, ou celle dont peut bénéficier le propriétaire en vue d'acquérir le matériel nécessaire à la mise en œuvre de la conservation ou de la gestion d'un bien soumis à un contrat d'obligation réelle environnementale –, fiscaux – une réduction ou des crédits d'impôt[1] – ou foncier[2] – le prix de l'immeuble, en ce compris la bâtisse, peut bénéficier d'une plus-value en raison de la sauvegarde des services écosystémiques que rend l'espace conventionnellement protégé.

Nous observons que la contractualisation du droit de l'environnement joue un rôle non négligeable dans la protection des espaces naturels ordinaires et permet de rappeler toute l'importance du droit civil en l'absence de règles juridiques particulières ou pour les compléter. Le panel d'outils juridiques ainsi présenté invite tout un chacun à s'investir à son échelle à leur protection et permet finalement d'aboutir à des conséquences vertueuses qu'il s'agira désormais d'aborder (II).

---

[1] HERMON (C.), DOUSSAN (I.), GRIMONPREZ (B.), Production agricole et droit de l'environnement, 2e éd., Lexis Nexis, Chapitre 2, 975, p.343.
ANXIONNAZ (C.), « Retour sur les obstacles à l'essor des contrats d'obligations réelles environnementales », LPA, n° 200f8, 21 mai 2021, p.17. L'auteur précise qu'un contrat conclu en vue de protéger un espace naturel pourra donner lieu à des avantages pour celui qui s'engage. Ainsi, la loi de finance n°2020-1721 du 29/12/2020 « *a élargi aux établissements publics à coopération intercommunale la possibilité de voter l'exonération de taxe foncière pour les terrains faisant l'objet d'obligations réelles environnementales* ».

[2] L'article 72 III de la loi pour la reconquête de la biodiversité, de la nature et des paysages dispose sur ce point : « À partir du 1er janvier 2017, les communes peuvent, sur délibération du conseil municipal, exonérer de la taxe foncière sur les propriétés non bâties, les propriétaires ayant conclu une obligation réelle environnementale ».

II- Les conséquences de la contractualisation des espaces naturels ordinaires

La contractualisation des espaces naturels ordinaires entraîne pour conséquence “heureuse” une meilleure prise en compte de l’environnement dans les opérations contractuelles et, partant, une protection non négligeable des espaces naturels ordinaires qui ne bénéficient originairement pas du même encadrement que les espaces protégés. Cette protection, nous le verrons, a pour avantage d’être à la fois dynamique (A) et malléable (B).

A) Une protection dynamique

La contractualisation des espaces naturels a elle-même évolué dans le temps puisque, pour Vanessa MONTEILLET, l’on passe d’une approche attentiste à une approche davantage dynamique qui s’explique naturellement puisque le contrat est un acte juridique voulu entre personnes[1]. En tant que tel, les parties peuvent décider sur quoi portera l’objet de leur contrat et seront davantage enclines à accepter la norme qu’elles s’imposent – ce point jouant un rôle non négligeable dans le respect de la protection de l’environnement. À ce titre, les parties sont libres de choisir de négocier le contrat environnemental ou, à son extinction, d’en négocier un nouveau, voire de substituer la « loi » qu’ils adoptent mutuellement à une réglementation préétablie. L’on constatera ici que la frontière poreuse et artificielle entre espaces ordinaires et espaces anthropisés tend à s’effacer grâce à l’outil contractuel et rend la protection de ces espaces plus dynamique.

En effet, lors de la formation progressive du contrat, parlons ici de négociation, les acteurs privés de la protection des espaces naturels vont pouvoir imaginer et débattre du cahier des charges qu’ils s’imposeront pour la durée du contrat à venir, y compris, imaginons, si celui-ci porte une limite au droit imprescriptible de

[1] Ibid. 15. pp. 20 et 21.

l'article 673 du Code civil de faire couper les branches qui dépassent sur son fonds[1].

L'avantage tiré de la phase de négociation est celle de la communication. Lorsque les parties communiquent et s'engagent à réaliser des prestations qu'elles ont négociées, celles-ci sont davantage acceptées.

Au sujet de l'importance de la communication dans le contrat, et si l'on reprend le cas de l'obligation réelle environnementale car celle-ci grève le fonds sur lequel on entend exercer une protection, il faudra alors supposer que les propriétaires successifs devront renégocier le contrat en cas de changement de caractéristiques du site et, ce, afin de l'adapter à la nouvelle réalité du terrain.

Enfin, lors de la phase post contractuelle, l'on peut imaginer que l'exécution d'un premier contrat aura permis à chacune des parties de découvrir les véritables intentions de son cocontractant ou de connaître la régularité de celui-ci dans l'exécution du contrat. À l'issue du premier contrat, les parties pourront alors décider de renégocier un nouveau contrat afin d'insérer de nouvelles clauses – pourquoi pas une obligation de formation de l'agriculteur sur les bonnes pratiques environnementales ou encore une obligation d'entretien des boisements et de la faune qui vit autour de ses terres. Cette idée participe d'une responsabilité *ex ante* où l'ensemble des parties, au travers de la solidarité contractuelle « environnementale », va prendre toutes les mesures pour prévenir le risque de survenance du dommage. En cas de mésaventure, la partie lésée pourra faire plus facilement la preuve de l'inexécution ou de la mauvaise exécution du contrat car des faisceaux d'indice nés du premier

---

[1] Civ. 3ème, 13 juin 2012, n°11-18.791. OOSTERLYNCK (E.), « Élagage et troubles anormaux du voisinage », Dr. rur., 410. 2013, 24 ; Sur les faits et la procédure. Deux articles du cahier des charges imposaient le maintien et la protection des plantations quelles que soient leurs distances aux limites séparatives. La Cour a refusé la demande d'un des acquéreurs qui consistait à couper les branches du pin parasol car cela « entraînerait une mutilation contraire à l'objectif contractualisé de conservation de la végétation existante ».

contrat auront corroboré ses craintes. Il conviendra d'admettre que les sanctions attachées à l'article 1217 du Code civil, et le mécanisme de responsabilité contractuelle, seront plus facilement applicables à l'espèce.

L'ingénierie contractuelle de droit commun, sous couvert de l'ordre public, semble en conséquence inépuisable pour imaginer la protection des espaces naturels. Cette forme de contrat hybride entre protection des intérêts privés et satisfaction de l'intérêt public induit une forme de banalisation positive du droit de la protection de la nature : la conservation et la gestion des espaces naturels sont l'habitat naturel de la faune sauvage. La protection des uns implique donc implicitement mais nécessairement la protection des autres[1]. Cette conséquence de la contractualisation de la protection des espaces naturels ordinaires, non négligeable, en dissimule une autre qui est celle de sa malléabilité en tant qu'elle révélatrice de ce que la norme acceptée est plus incitative et plus facilement exécutée que la *hard law* (B).

B) Une protection malléable

Les outils contractuels et incitatifs offrent une protection malléable des espaces naturels ordinaires et de la faune y afférente. L'intégration des milieux les plus communs et, pourtant, les plus oubliés du territoire français, à la sphère contractuelle permet l'intervention de tous, à diverses échelles, afin de combler les lacunes de la loi et de protéger de façon plus ou moins intensément des milieux et habitats naturels qui

---

[1] ROUSSO (A.), « Le principe de solidarité écologique ou l'irruption de la science dans le droit », Revue juridique de l'environnement, 2019/3, vol. 44, pp 479-498, §22. L'auteur précise que la définition de biodiversité permet de souligner de façon plus moderne le « réseau d'interactions et d'interdépendances en évolution constante entre des milliards d'êtres vivants, des dizaines de millions d'espèces », conciliant les « activités humaines avec la préservation des écosystèmes et de la biodiversité, de s'abstraire ainsi de la vision traditionnelle qui sépare espaces naturels et espaces anthropisés. »

n'auraient pas été normalement pris en compte par les autorités publiques en les incluant dans le champ contractuel.

Nous sommes alors en présence deux phénomènes qui, *a priori* en opposition, s'imbriquent et servent ici un objectif commun.

En effet, le premier de ces points, on le répète, est la protection des espaces naturels ordinaires. Les parties, quels que soient leurs intérêts, concourent à cette mission d'intérêt général par voie de contrat, lequel apparaît ici comme l'outil du « sur-mesure », c'est-à-dire comme l'instrument qui permet à l'échelle de la commune, du département ou de la région de répondre précisément aux besoins et préoccupations qu'impose la gestion de ces espaces. Il est évident que les préoccupations du département de l'Aude en proie à divers incendies pendant la période de l'été ne sont pas les mêmes que celles du Pas-de-Calais qui connaît de fortes périodes de précipitations et d'inondations pendant la période automne-hiver. Plus qu'un palliatif, le contrat permet d'adapter, de modeler les attentes de chacun sur les points qui lui semble prioritaire. En d'autres termes, il apporte de la flexibilité.

Le second point concerne la protection des intérêts en présence. Si la protection de l'environnement constitue une mission d'intérêt général – une mission parfaitement louable et justifiable en elle-même et pour elle-même –, reste que l'objectif du contrat, s'il n'est pas purement environnemental, est de satisfaire aux intérêts des parties et de répondre à l'économie du contrat qu'elles se sont fixées. Les parties devront ainsi se soumettre à l'exécution d'une ou plusieurs prestations qu'elles se seront réciproquement choisies. L'agriculteur, en décidant de se soumettre à des obligations agroenvironnementales attendra finalement l'aide financière nécessaire à l'exploitation d'une entreprise agricole durable[1] ou, encore, la personne publique, en

[1] Après cinq réformes consécutives intervenues en 1992, 1999, 2003, 2009 et 2013, l'Union européenne se dote désormais de nouveaux règlements européens abrogeant la FOEGA pour la transformer, via un règlement (UE) n°2021/2115 du Parlement européen et du Conseil du 2 décembre 2021, en la

confiant la gestion d'un bois à une association privée peut s'attendre à ce que, outre la protection dudit lieu, celle-ci aura pour conséquence préméditée de faire valoir le tourisme sur sa commune.

En toute hypothèse, et on le constate fort bien, les interventions des uns entraîne la protection de la nature ordinaire et, partant, des espèces communes. Plus encore, ces interactions entre rapports contractuels et environnement – à tout lieu, à tout moment et sur tout objet que les parties auront fixé ensemble – rend la frontière entre espaces naturels et espaces anthropisés parfaitement perméable[1].

Enfin, en dehors du champ contractuel, reste encore une réponse favorable à la protection des espaces naturels ordinaires : l'engagement spontané. Plus précisément, il est question d'admettre qu'en dehors de toute réponse de nature contractuelle, une voie est encore possible pour concourir à l'objectif précité. Cela suppose d'admettre que les parties peuvent s'engager moralement, naturellement et volontairement à la protection des espaces ordinaires. Cette forme d'engagement est finalement aussi la plus altruiste et la plus acceptée parce qu'imposée par soi-même et pour soi-même. Il sera alors loisible pour une association gérant un littoral ou une zone humide de renforcer ses attentes en faveur de leur protection à n'importe quel moment, sans prendre contractuellement le moindre engagement à ce

---

FEAGA. Précision, un règlement (UE) 2021/2116 doit entrer en vigueur le 01 janvier 2023. Il est relatif au financement, à la gestion et au suivi de la politique agricole commune et abroge le règlement (UE) n°1306/2013. Pour en savoir plus, v. contribution d'Adrienne BONNET, plus précisément sa note 9.

[1] Il ne faudrait toutefois pas partir du postulat que les acteurs privés et publics agissent dans un objectif purement altruisme. En effet, le droit restant un phénomène anthropocentré, les relations qui gouvernent les personnes privées et, toute proportion gardée, les personnes publiques sont axées autour de l'économie des contrats privés et publics. Ainsi, à titre d'exemple, le Conservatoire du littoral peut procéder à « toute opération foncière » (art. L. 322-3 C. env.) et peut recevoir des dons et legs (art. L. 322-5 C.env.) pour œuvrer à la protection des littoraux qui concilie deux intérêts : l'intérêt écologique, d'un côté, et l'intérêt économique (tourisme, notamment), de l'autre. Le conservatoire, certes pionné sur la question, n'est toutefois pas la seule à œuvrer pour la protection des espaces naturels.

sujet. On retrouve cette logique auprès des exploitations économiques qui décident de se doter elles-mêmes d'une charte éthique pour montrer leur engagement – par exemple – dans la lutte contre le réchauffement climatique, le gaspillage alimentaire ou la gouvernance. Ici, l'association pourrait alors agir largement en amont du risque environnemental pour, si ce n'est l'annihiler (car le risque zéro n'existe pas), au moins en avoir une certaine maîtrise. Elle peut encore venir se substituer à un acteur négligent quant à la gestion des milieux naturels[1]. Que les personnes prennent garde toutefois. L'on peut fort bien imaginer que l'exécution volontaire ou la promesse d'exécution de ce devoir de conscience peut faire naître une obligation naturelle, laquelle pourra par le juge être transformée en obligation civile pour en prononcer l'exécution forcée[2].

BIBLIOGRAPHIE

Encyclopédies, ouvrages généraux et spéciaux

- BARRAU (A.), « Le plus grand défi de l'histoire de l'humanité », éd. Michel Lafon, 2020.
- GIRAUDEL (C.), La protection conventionnelle des espaces naturels. Étude de droit comparé de l'environnement », PULIM, 2000.
- HERMON (C.), DOUSSAN (I.), GRIMONPREZ (B.), Production agricole et droit de l'environnement, 2e éd., Lexis Nexis
- PRIEUR (M.), Droit de l'environnement, Précis Dalloz, Paris, 8e ed., 2019.
- VAN LANG (A.), Droit de l'environnement, PUF, Paris, 2021.

---

1 Sur l'importance des associations dans la protection des espaces naturels et, plus largement, de l'environnement, v. HOULLEAUX (A.), « Le phénomène associatif », RFAP, 1978, oct./ déc., pp. 35 à 36.
2 Article 1100 du Code civil.

Articles de revues
- ANXIONNAZ (C.), « Retour sur les obstacles à l'essor des contrats d'obligations réelles environnementales », LPA, n° 200f8, 21 mai 2021.
- CAMPELS (Ch.), « À propos de la loi d'orientation agricole n°99-574 du 9 juillet 1999 », D. 2000, n°21
- GODET (L.), « La *"nature ordinaire"* dans le monde occidental ». in. L'Espace géographique, vol. 39, no. 4, 2010.
- HOULLEAUX (A.), « Le phénomène associatif », RFAP, 1978, oct./ déc., pp. 35 à 36.
- LESPEZ (L.) et DUFOUR (S.), « Les hybrides, la géographie de la nature et de l'environnement », Les annales de géographie, 2021/1, n°737.
- MEKKI (M.), « L'efficacité et le droit », Revue de l'Université de Sapporo (Japon), 2009.
- OOSTERLYNCK (E.), « Élagage et troubles anormaux du voisinage », Dr. rur., 410. 2013, 24.
- PIERRE (G.), « Réhabiliter la nature ordinaire, une approche participative », Norois, 2016/4, n°241
- PRIGENT (S.), « Non-respect des clauses environnementales », Répertoire de droit immobilier, Dalloz, 528. Octobre 2013 (actualisation : décembre 2020).
- ROUSSO (A.), « Le principe de solidarité écologique ou l'irruption de la science dans le droit », Revue juridique de l'environnement, 2019/3, vol. 44, pp 479-498, §22
- SUPIOT (A.), « La contractualisation de la société », courrier de l'environnement de l'INRA, n°43, mai 2001

Thèses
- INSERGUET-BRISSET (V.), Propriété publique et environnement, Thèse de droit. Rennes I, 1994.
- MONTEILLET (V.), La contractualisation du droit de l'environnement. Thèse de droit, Montpellier, 2017.

- TREILLARD (A.), L'appréhension juridique de la nature ordinaire. Thèse de droit, Limoges, 2019.
- UNTERMAIER (J.), La conservation de la nature en droit public, Thèse de droit, Lyon II, 1972.

Rapports

- LOISIER (A.-C.) et PETEL (A.-L.), Les enjeux de l'artificialisation des sols : diagnostic, Rapport du Comité pour l'économie verte, 2019
- MILLENIUM ECOSYSTEM ASSESSMENT, Rapport de synthèse de l'Évaluation des Écosystèmes pour le Millénaire, 2005.

Actes de colloque

- CHASSAGNARD-PINET (S.) et HIEZ (D.), dir., « Le système juridique français à l'ère de la contractualisation. Colloque des 11 à 13 octobre 2007, Université de Lille.

Normes ou déclarations internationales

Code civil

C. civ., art. 673
C. civ., art. 1100
C. civ., art. 1217
C. civ., art. 1231-1
C. civ., art. 1766
C. civ., art. 1767

Code de l'environnement

C. env., art. L. 110-1
C. env., art. L. 322-3
C. env., art. L. 322-5

Code rural

C. rur., art. L. 411-27

Normes européennes

Règlement (UE) n°1306/2013 du 17 décembre 2013.

Règlement (UE) n°2021/2115 du 2 décembre 2021.
Règlement (UE) n°2021/2116 du 2 décembre 2021.

Lois et règlements
Loi n°2006-11 du 5 janvier 2006 du 5 janvier 2006 d'orientation agricole.
Loi n°2016-1087 du 8 août 2016 pour la reconquête de la biodiversité, de la nature et des paysages (not. son art. 72 III).
Loi n°2021-1104 du 22 août 2021 portant lutte contre le dérèglement climatique et renforcement de la résilience face à ses effets.

Jurisprudence
Civ., 3ème, 13 juin 2012, n°11-18.791.

Sites internet
- https://france3-regions.francetvinfo.fr/normandie/orne/premiere-orne-terrain-prive-protege-- sa-biodiversite-1673143.html
- https://inpn.mnhn.fr/accueil/donnees-referentiels
- https://reseau-cen.org/fr/decouvrir-le-reseau/les-sites-proteges

PARTIE 2

LES INSUFFISANCES DU DROIT DE L'ENVIRONNEMENT POUR LA PROTECTION DES ANIMAUX

L'encadrement des activités de chasse et de pêche : une protection perfectible des animaux par le droit de l'environnement

Par Cédric EDOUARD

A.T.E.R. et Doctorant en droit privé et sciences criminelles, UMR 6031 TREE, Université de Pau et des Pays de l'Adour

---

Sans entrer à nouveau dans le détail sur la définition du droit de l'environnement[1], il convient de rappeler qu'il implique que l'humain est une créature de son environnement[2], et qu'il peut aussi influer sur lui de manière beaucoup plus significative que la plupart des autres êtres vivants qui le composent. Un équilibre est donc nécessairement à trouver entre l'utilité et les bénéfices

---

[1]V. la contribution dans la présente étude de Madame Bonnet, « Propos introductifs, l'approche environnementaliste : une certaine idée de la protection animale ». Le Professeur NAIM-GESBERT estime ainsi à juste titre que « le droit de l'environnement se conçoit mieux qu'il se définit », bien que des définitions d'ordre matériel, ainsi qu'une approche doctrinale, puissent permettre de mieux en apprécier les contours, V. É. Naim-Gesbert, *Droit général de l'environnement, Introduction au droit de l'environnement*, Lexis Nexis, 3ème édition, 2019, p.3, §6 et suiv.

[2] On reprendra la formule du premier point du chapitre premier de la déclaration de Stockholm des Nations Unies du 16 juin 1972, dont on apprécie le lyrisme : « L'homme est à la fois créature et créateur de son environnement, qui assure sa subsistance physique et lui offre la possibilité d'un développement intellectuel, moral, social et spirituel. Dans la longue et laborieuse évolution de la race humaine sur la terre, le moment est venu où, grâce aux progrès toujours plus rapides de la science et de la technique, l'homme a acquis le pouvoir de transformer son environnement d'innombrables manières et à une échelle sans précédent. Les deux éléments de son environnement, l'élément naturel et celui qu'il a lui-même créé, sont indispensables à son bien-être et à la pleine jouissance de ses droits fondamentaux, y compris le droit à la vie même ».

qu'il tire de son environnement ou les ressources animales qui en sont issues, et la nécessité de protéger ce dernier d'une activité humaine excessivement destructrice qui mettrait en péril sa pérennité.

La question de la chasse et de la pêche s'inclut très bien dans ces enjeux, qui consistent plus particulièrement à concilier volonté de garantir l'exercice de ces deux activités et nécessité de protection des animaux qui en sont précisément l'objet.

Dans les deux cas, qu'il s'agisse de « la gestion durable du patrimoine faunique et de ses habitats » ou de « la préservation des milieux aquatiques et la protection du patrimoine piscicole », les deux activités sont considérées comme étant d'intérêt général[1]. Les termes utilisés ne sont toutefois pas neutres : il s'agit de préserver d'abord et avant tout « un patrimoine », et non d'assurer la protection des animaux. Cela peut passer certes par leur habitat, mais en aucun cas la question des souffrances animales n'est évoquée dans ces dispositions.

En effet, s'agissant de la chasse, elle est définie en tant « qu'activité à caractère environnemental, culturel, social et économique » qui « contribue à l'équilibre entre le gibier, les milieux et les activités humaines en assurant un véritable équilibre agro-sylvo-cynégétique »[2]. Il est donc question d'équilibre, mais là encore, sans que la question de la protection de l'animal à proprement parler ne soit évoquée, puisqu'il est ici davantage considéré comme étant une ressource à préserver au profit de la pérennité de l'activité. L'équilibre en question est d'autant plus subtil qu'il existe une obligation réellement contraignante qui pèse sur les fédérations de chasse, à savoir garantir une indemnisation en cas de dégâts causés par le grand gibier aux cultures et aux récoltes agricoles[3].

---

[1] V. respectivement les articles L420-1 et L430-1 du Code de l'environnement.

[2] V. l'article L420-1 du Code de l'environnement.

[3] V. sur cet aspect les articles L426-1 à L426-8 du Code de l'environnement, qui prévoient notamment une procédure non contentieuse d'indemnisation, que l'exploitant victime peut mettre en œuvre contre la fédération départementale ou interdépartementale des chasseurs, sous réserve du respect de barèmes

L'acte de chasse fait aussi l'objet d'une définition textuelle : « constitue un acte de chasse tout acte volontaire lié à la recherche, à la poursuite ou à l'attente du gibier ayant pour but ou pour résultat la capture ou la mort de celui-ci »[1]. La seule définition de l'acte de chasse semble faire obstacle à l'idée de protection des animaux, et plus particulièrement des animaux sauvages, dans la mesure où l'objectif même de l'activité est leur mise à mort.

Ensuite, s'agissant de la pêche, on peut aussi constater une certaine proximité dans la définition. En effet, elle est considérée comme étant « activité à caractère social et économique »[2] qui constitue le principal élément d'une « une gestion équilibrée des ressources piscicoles ». Là encore, il est d'abord et avant tout question de ressources.

Il faut toutefois distinguer la pêche de loisir et la pêche commerciale, en mer et en eau douce. Sera traitée ici essentiellement la pêche de loisir en eau douce et en mer. En effet, s'agissant de la pêche commerciale, notamment en mer, les enjeux sont très largement différents : certes, certaines conventions internationales y sont consacrées, comme la Convention des Nations Unies sur le droit de la mer (UNCLOS, 1984), l'accord des Nations Unies de 1995 sur les stocks de poissons migrateurs et chevauchants, l'Organisation des Nations Unies pour l'agriculture et l'alimentation (FAO), et au niveau communautaire, la Politique commune de la pêche (PCP). Toutefois, ces différentes conventions vont assez peu intéresser la protection de l'animal : elles concernent davantage la souveraineté et les questions de droits des différents États sur des territoires donnés (eaux territoriales, zones économiques exclusives et haute mer) que de protection animale. Les ressources halieutiques sont ainsi purement perçues comme des

---

départementaux et de seuils minimaux de dégâts. À noter que cette possibilité ne ferme pas une action devant le juge judiciaire fondée sur l'article 1240 du Code civil, assortie d'une prescription de 6 mois à partir du jour où les dégâts ont été causés.

[1] V. l'article L240-2 du Code de l'environnement.

[2] V. l'alinéa 2 de l'article L430-1 du Code de l'environnement.

éléments de l'économie mondiale plutôt que comme des animaux qu'il faut protéger d'éventuelles souffrances. Les seules règles concernent la surpêche, par l'imposition de quotas essentiellement, mais visent davantage à éviter d'épuiser totalement les ressources qu'à protéger les animaux[1].

S'agissant de la pêche de loisir et de la chasse, il convient aussi d'analyser les différentes sources normatives qui tendent à consacrer une protection des animaux en encadrant l'activité de chasse ou de pêche, certaines dispositions étant d'origine nationale et d'autres internationale. En effet, le droit de l'Union européenne tend à prendre de plus en plus d'importance en la matière. En outre, les sources nationales sont à la fois législatives et réglementaires, à différents échelons. En effet, en matière de chasse notamment, une grande importance est accordée à l'autorité préfectorale, et aux fédérations départementales, interdépartementales, régionales et nationale des chasseurs. C'est ainsi un tissu normatif assez disparate qu'il convient d'analyser, et qui n'est pas sans complexifier la réglementation[2].

S'agissant de la pêche comme de la chasse, il est possible de se fendre d'un constat, que l'on pouvait d'ailleurs tirer des seules définitions précitées. Malgré quelques éléments visant à protéger les animaux en tant qu'êtres vivants doués de sensibilité, ces derniers sont plutôt protégés par le droit de l'environnement en tant, *a minima*, qu'espèce, voire en tant que ressource. La garantie de leur bien être passe au second plan. Le droit de

---

[1] C'est par exemple le cas de la Convention internationale pour la régulation de la chasse à la baleine et aux grands cétacés du 2 décembre 1946. Toutefois, certaines évolutions sont à noter, comme en témoigne la Convention sur les océans de l'Organisation des Nations Unies de juin 2022 à Lisbonne, précédée par le *One Ocean Summit* qui s'est tenu du 9 au 12 février 2022 à Brest, où la protection des espèces et de leur habitat est un des enjeux centraux.

[2] Pour une analyse des différentes sources, et plus particulièrement en ce qui concerne les stratifications réglementaires environnementales, V. L. FONBAUSTIER, *Manuel de droit de l'environnement*, P.U.F., 2ème édition, 2020, p.92, §72 et suiv. Pour une analyse plus précise des compétences des différents acteurs publics, et leurs liens avec les acteurs privés, V. P. MALINGREY, *Introduction au droit de l'environnement*, Lavoisier, 3ème édition, 2007, p.11 à p.40.

l'environnement accorde ainsi une protection aux animaux sauvages chassés ou pêchés, mais elle n'est pas pleinement efficace.

En effet, il existe bien une protection des animaux. Elle s'effectue d'abord par l'interdiction de la pratique de l'activité de chasse ou de pêche, et demeure même dans cette mesure contrastée (I).

Ensuite, cette protection ne permet pas de compenser les imperfections qui concernent les souffrances que les animaux pourraient endurer du fait de la pratique de ces activités (II).

I. Une protection contrastée des animaux par l'interdiction de la pratique de l'activité

La manière la plus efficace de protéger un animal, du point de vue des activités de chasse ou de pêche, peut résider dans l'interdiction totale de la pratique de l'activité : les animaux seraient, par ce biais, nécessairement protégés tant dans leur survie que dans leur bien-être, mais de manière incidente.

L'interdiction de la pratique de l'activité peut toutefois impliquer plusieurs aspects, pour parvenir à un même résultat. Elle peut d'abord concerner spécifiquement certaines espèces animales (A). Mais elle peut aussi consister à interdire la pratique de l'activité dans certains lieux et pendant certaines périodes (B). Dans les deux cas, de nombreux contrastes peuvent être observés, tant du point de vue du décalage entre les objectifs communautaires et les résistances nationales, que du point de vue des disparités territoriales des interdictions, et de leur efficacité.

A/ Une protection contrastée de certaines espèces animales

Il convient de noter que la volonté de protéger certaines espèces animales a été d'abord d'inspiration communautaire, qui a ensuite été transposée – parfois non sans mal, et particulièrement en France – en droit interne.

L'exemple de la directive du 2 avril 1979[1], bien connu[2], est en effet assez évocateur. Elle concernait la conservation des oiseaux sauvages : l'objectif était d'assurer une protection des oiseaux sur tout le territoire européen, dans la mesure où était fait le constat que certaines espèces étaient en régression massive. Il était donc nécessaire de protéger leurs aires de reproduction et de les prémunir contre les activités de chasse dans tous les pays membres. Du point de vue de la chasse, on voit bien qu'ici la protection des animaux, du moins des oiseaux, est donc d'origine communautaire. La directive « oiseaux »[3] est assez mal accueillie en France, et plus particulièrement son article 7- 4°[4] qui ne fixait aucune date précise d'interdiction de chasse pour telle ou telle espèce : en bref, la directive a mis près de 25 ans avant d'être

---

[1] Directive 79/409/CEE du Conseil, du 2 avril 1979 concernant la conservation des oiseaux sauvages.

[2] Il ne sera ainsi pas détaillé. Pour une évolution détaillée de sa création jusqu'à nos jours, V. J. BÉTAILLE, « La directive Oiseaux quarante ans après : des résultats encourageants et des espoirs à concrétiser », *Revue trimestrielle de droit animalier*, Observatoire des mutations institutionnelles et juridiques, Université de Limoges, 2020, pp.305-336, hal-03148916.

[3] V., pour une étude approfondie, J.-Y. GOUGNAUD, Périodes de chasse et droit communautaire : les difficultés de l'application en France de l'article 7-4 de la directive 79/409/CE relative à la conservation des oiseaux sauvages, thèse dactylographiée, soutenue le 12 janvier 2007.

[4] L'article énonce que « les États membres s'assurent que la pratique de la chasse, y compris le cas échéant la fauconnerie, telle qu'elle découle de l'application des mesures nationales en vigueur, respecte les principes d'une utilisation raisonnée et d'une régulation équilibrée du point de vue écologique des espèces d'oiseaux concernées, et que cette pratique soit compatible, en ce qui concerne la population de ces espèces, notamment des espèces migratrices, avec les dispositions découlant de l'article 2. Ils veillent en particulier à ce que les espèces auxquelles s'applique la législation sur la chasse ne soient pas chassées pendant la période nidicole ni pendant les différents stades de reproduction et de dépendance. Lorsqu'il s'agit d'espèces migratrices, ils veillent en particulier à ce que les espèces auxquelles s'applique la législation sur la chasse ne soient pas chassées pendant leur période de reproduction et pendant leur trajet de retour vers leur lieu de nidification. Les États membres transmettent à la Commission toutes les informations utiles concernant l'application pratique de leur législation sur la chasse »

réellement transposée en France. Après plusieurs sanctions de la Cour de Justice, une résistance de la France, qui a ainsi fait office de très mauvais élève en la matière, il a fallu plusieurs décisions du Conseil d'État pour parvenir à un résultat qui n'est que pour l'instant que partiellement satisfaisant. L'impulsion européenne de protection des animaux n'est ainsi pas toujours suivie d'effets dans certains pays membres[1]. En ce sens, un contraste existe donc entre la volonté normative européenne, fortement protectrice de ces espèces, et la résistance nationale.

La directive oiseaux est ensuite suivie de la directive du 21 mai 1992[2], qui a pour objectif de protéger directement certaines espèces animales, dont la liste est fixée par la directive. La flore et la faune sauvage sont ici préservées par la protection de leur habitat, ce qui conduit à créer des zones dans lesquelles les activités de chasse et de pêche sont prohibées. Couplé à la directive de 1979, ce texte conduit à la création des sites « Natura 2000 »[3] dont l'objectif est d'assurer la survie à long terme des espèces et des habitats les plus précieux et les plus menacés d'Europe.

Enfin, autre exemple d'origine communautaire, le règlement du Conseil du 9 décembre 1996[4], qui protège là encore certaines espèces animales mais cette fois de manière indirecte. En effet, l'objectif est en partie de réduire le braconnage, et de réguler l'importation de trophées de chasse venant de pays étrangers, ou encore la circulation et l'introduction de certains animaux vivants : les espèces concernées sont donc par voie de conséquence préservées par ce biais.

Ces différentes initiatives européennes sont bien évidemment transposées ou complétées en droit français par des textes

---

[1] Pour une illustration de cet aspect, V. L. FONBAUSTIER, op. cit., p.75, §57.

[2] Directive 92/43/CEE du Conseil du 21 mai 1992, concernant la conservation des habitats naturels ainsi que de la faune et de la flore sauvages.

[3] V. la contribution dans la présente étude de Madame Savarit, « Conservation de la faune sauge et réintroduction des espèces menacées d'extinction ».

[4] Règlement (CE) n°338/97 du Conseil du 9 décembre 1996 relatif à la protection des espèces de faune et de flore sauvages par le contrôle de leur commerce.

d'origine nationale, et plus spécifiquement réglementaire. En effet, le droit de l'environnement vient directement protéger certaines espèces animales de manière absolue, pour lesquelles des interdictions strictes sont posées, qui s'appliquent *a fortiori* aux activités de chasse et de pêche. Une série d'arrêtés fixent ainsi des listes d'espèces protégées, qu'il s'agisse de poissons[1], de mammifères terrestres[2], de mollusques[3], d'oiseaux[4] ou encore de mammifères marins[5]. Quoi qu'il en soit, tous ces textes énoncent des interdictions absolues « en tout temps, sur tout le territoire national », de chasser, pêcher ou encore porter atteinte aux aires de reproduction ou de vie des espèces listées. Elles se traduisent par des incriminations assorties de sanctions pénales désormais introduites dans le Code de l'environnement[6].

C'est ainsi davantage une logique de protection des espèces et des ressources qui est mise en valeur par la réglementation

---

[1] Arrêté du 8 décembre 1988 fixant la liste des espèces de poissons protégées sur l'ensemble du territoire national. Est ainsi mentionnée l'interdiction de détruire ou enlever les œufs de certaines espèces, ou de détruire, altérer, ou dégrader des milieux particuliers comme les lieux de reproduction.

[2] Arrêté du 23 avril 2007 fixant la liste des mammifères terrestres protégés sur l'ensemble du territoire et les modalités de leur protection. Est ici fixée l'interdiction de capturer, détruire, mutiler ou perturber ces animaux dans le milieu naturel.

[3] Arrêté du 23 avril 2007 fixant les listes des mollusques protégés sur l'ensemble du territoire et les modalités de leur protection, qui suit le même modèle qu'en ce qui concerne les mammifères.

[4] Arrêté du 29 octobre 2009 fixant la liste des oiseaux protégés sur l'ensemble du territoire et les modalités de leur protection. À titre d'exemple, l'article 3 de l'arrêté énonce que « sont interdits sur tout le territoire métropolitain et en tout temps : la destruction intentionnelle ou l'enlèvement des œufs et des nids ; la destruction, la mutilation intentionnelles, la capture ou l'enlèvement des oiseaux dans le milieu naturel ; la perturbation intentionnelle des oiseaux, notamment pendant la période de reproduction et de dépendance, pour autant que la perturbation remette en cause le bon accomplissement des cycles biologiques de l'espèce considérée ».

[5] Arrêté du 1er juillet 2011 fixant la liste des mammifères marins protégés sur le territoire national et les modalités de leur protection.

[6] V. notamment les articles L415-1 à L415-8 du Code de l'environnement pour les sanctions pénales qui concernent la protection du patrimoine naturel. V. la contribution dans la présente étude de Monsieur Germain, « Le droit pénal et les animaux : l'animal dans la nature, l'animal hors la nature ».

européenne, qu'une véritable protection des animaux en tant qu'êtres sensibles. La protection est par conséquent axée sur la reproduction, par l'étude de l'évolution du nombre d'individus, la protection de leur bien-être n'étant qu'incidente. Les interdictions spécifiques temporelles et territoriales des activités de pêche et de chasse suivent quant à elles une logique similaire.

B/ Une protection contrastée des animaux par des interdictions temporelles et territoriales

La chasse et la pêche peuvent être encadrées tant dans la durée (1) que dans l'espace (2), ce qui là encore apporte une protection aux animaux chassés ou pêchés par l'interdiction de la pratique de l'activité.

1/ L'encadrement des périodes de chasse et de pêche

S'agissant des restrictions temporelles, que ce soit en ce qui concerne la chasse ou la pêche, il existe des périodes pendant lesquelles les activités sont autorisées et interdites, la plupart du temps en accord avec les périodes de reproduction des différentes espèces concernées.

Concernant la pêche en eau douce, un décret fixe les périodes d'ouverture et de fermeture des périodes de pêche[1], en principe uniformisées pour toute la France, selon qu'il est question de rivières de 1ère, 2ème catégorie[2]. Certaines zones peuvent toutefois faire l'objet d'ouverture retardées ou anticipées, comme certaines rivières ou plans d'eau de haute montagne[3], fixées par arrêté préfectoral ou dépendant des restrictions imposées par les

---

[1] L'article L436-5, 1°, du Code de l'environnement en pose le principe général.
[2] Les dates sont fixées respectivement aux articles R436-6 et -7 du Code de l'environnement pour les rivières de 1ère et 2ème catégorie. Dans le premier cas, elle n'est autorisée que du deuxième samedi de mars jusqu'au troisième dimanche de septembre inclus. Dans le second, elle est autorisée par principe toute l'année, et des interdictions temporelles concernent quant à elles certaines espèces de poissons en particulier. Par exemple, la pêche du brochet est interdite du dernier dimanche de janvier jusqu'au 30 avril inclus.
[3] L'article R436-6 II permet par exemple au préfet de prolonger d'une à trois semaines la période d'ouverture dans les plans d'eau ou des parties ou des cours d'eau de haute montagne.

associations de pêche et de protection des milieux aquatiques[1]. À noter que certaines espèces spécifiques, quel que soit le cours d'eau, peuvent être concernées par des périodes d'ouverture et de fermeture spécifiques[2]. Enfin, la pêche de nuit est par principe interdite[3], à l'exception de certaines zones restreintes et/ou pour certaines espèces de poissons[4]. Là encore, des sanctions pénales sont envisagées en cas de violation desdites interdictions[5], bien qu'il faille noter que leur mise en œuvre puisse être entachée par un manque d'effectifs et de moyens pour les services spécialisés compétents[6]. Le contraste réside ici dans l'encadrement normatif strict qui est posé, et sa coûteuse et complexe mise en œuvre. La protection est d'ailleurs là encore centrée sur les espèces, par l'interdiction de la pratique de l'activité pendant une période donnée, qui correspond dans la plupart des cas à la période de reproduction.

Concernant la chasse, les périodes d'ouverture sont beaucoup plus diverses, puisqu'elles diffèrent selon les départements et sont fixées par arrêté préfectoral, et dépendent notamment de plans de chasse et du schéma départemental de gestion cynégétique. L'avis de la commission départementale de la chasse et de la faune est aussi pris en compte. Il y a donc

---

[1] L'article R436-8 du Code de l'environnement prévoit ainsi que « lorsque les caractéristiques locales du milieu aquatique justifient des mesures particulières de protection du patrimoine piscicole, le préfet peut, par arrêté motivé, interdire la pêche d'une ou de plusieurs espèces de poissons dans certaines parties de cours d'eau ou de plans d'eau, pendant une durée qu'il détermine ».

[2] C'est par exemple le cas de certaines espèces d'écrevisses ou de grenouilles, comme l'énoncent les articles R436-10 et -11 du Code de l'environnement.

[3] L'article R436-13 du Code de l'environnement prévoit ainsi que « la pêche ne peut s'exercer plus d'une demi-heure avant le lever du soleil, ni plus d'une demi-heure après son coucher ».

[4] V. les articles R436-14 à -17 du Code de l'environnement.

[5] V. l'article R436-40, 1° et 2°, du Code de l'environnement.

[6] V. P. Ch.-A. GUILLOT, *Droit de l'environnement*, Ellipses, 2ème édition, 2010, p.260. En application de l'article L437-1 du Code de l'environnement, les premiers acteurs concernés sont par exemple les gardes assermentés des associations de pêche et de protection des milieux aquatiques, les agents de l'office national des forêts, les gardes de l'office français pour la biodiversité, les gardes des eaux et forêts ainsi que les agents et officiers de la police ou de la gendarmerie nationale.

inévitablement des disparités, mais certaines peuvent surprendre. Par exemple, lorsque l'on compare la situation dans 4 départements limitrophes[1], à savoir le Gers[2], les Pyrénées Atlantiques[3], les Landes[4] ou encore les Hautes Pyrénées[5], il apparaît que pour certaines espèces, l'ouverture de la chasse est totalement similaire : c'est le cas pour le sanglier, ou encore le chevreuil qui peuvent ainsi être respectivement chassés du 1er ou 2 juin 2020 au 31 mars 2021, et du 2 juin 2020 au 28 février 2021.

---

[1] Ces départements ont été choisis en vue d'effectuer une étude comparative sur des territoires proches, les données ayant été recueillies à partir des différents arrêtés préfectoraux pour l'année 2020/2021 de chacun des départements concernés. Toutes les espèces ne sont pas non plus évoquées dans la présente contribution, dans la mesure où il n'était pas nécessaire d'être totalement exhaustif dans la démonstration.

[2] Arrêté n°32-2020 concernant l'ouverture et la clôture de la chasse pour la campagne 2020/2021 dans le département du Gers, site internet « chasseurs de France ».

[3] Arrêté n°64-2020-08-18-003 modificatif relatif à l'ouverture générale et la clôture de la chasse en plaine pour la campagne 2020/2021 dans le département des Pyrénées Atlantique, site internet « chasseurs de France ».

[4] Arrêté n°2020-663 fixant les dates d'ouverture-clôture et les modalités d'exercice de la chasse pour la campagne 2020/2021 dans le département des Landes, site internet « chasseurs de France ».

[5] Arrêté n°65-2020-05-25-005 fixant les dates d'ouverture et de clôture de la chasse à tir pour la campagne cynégétique 2020/2021 dans le département des Hautes Pyrénées, site internet « chasseurs de France ».

Toutefois, des dissemblances, parfois assez significatives, sont constatables pour la chasse au lièvre[1], au lapin[2] ou encore à la perdrix[3].

L'étude de ces différentes données peut permettre d'aboutir à plusieurs conclusions, qui sont contrastées du point de vue de l'efficacité de la protection des animaux et de la cohérence du dispositif. Une appréciation positive peut ainsi être d'abord émise : pourrait être constatée une adaptation des périodes de chasse à la faune locale de manière très précise et étudiée, au regard des données cynégétiques à l'échelle départementale. La protection des espèces serait ainsi « sur mesure », et justifierait les disparités précitées. Toutefois, un parti différent pourrait être pris. En effet, ces données pourraient être aussi la traduction d'un manque de cohérence dans la gestion cynégétique dans des territoires pourtant limitrophes, qui peuvent traduire des disparités de politiques de protection des espèces. Cela s'observe dans la construction même des arrêtés préfectoraux, qui ne sont pas véritablement normalisés : certains sont plus complets et précis que d'autres. Quoi qu'il en soit, un très grand pouvoir est confié aux acteurs locaux, qui peut être à la fois justifié et critiquable, sans que l'on puisse se permettre d'adopter une position totalement tranchée sur ce point. *A minima*, des normes

---

[1] Dans le Gers, le lièvre peut ainsi être chassé du 18 octobre au 27 décembre 2020, alors que dans les Pyrénées Atlantiques il peut l'être jusqu'au 17 janvier 2021. Pour le département des Landes, c'est beaucoup plus complexe : il peut être chassé dans tout le département du 13 septembre 2020 au 25 décembre 2020, puis les dates varient en fonction de Groupements d'Intérêt Cynégétique (GIC), qui concernent certaines communes du département : le GIC de la Lèbe peut ainsi chasser le lièvre du 27 septembre 2020 au 10 janvier 2021, sous certaines conditions, puis du 11 janvier 2021 au 28 février 2021 mais uniquement sans fusil et sans prélèvement les mercredi, vendredi, samedi et dimanche, tandis que le GIC des Quatre Chemins, qui concerne 4 communes, la chasse n'est autorisée que les 6 et 13 décembre 2020.

[2] Dans le Gers le lapin peut être chassé du 13 septembre 2020 au 28 février 2021, au 25 décembre 2020 dans les Pyrénées Atlantiques et au 3 janvier 2021 – mais seulement les samedi, dimanche, mercredi et jours fériés – dans les Hautes Pyrénées.

[3] Dans Gers, la perdrix peut être chassée du 13 septembre au 13 décembre 2020, au 25 décembre 2020 dans les Pyrénées Atlantiques, au 31 janvier 2021 dans les Landes et enfin au 3 janvier 2021 dans les Hautes Pyrénées.

précises et uniformisées pourraient être imposées aux autorités préfectorales dans tout le territoire. La protection peut ensuite résulter de l'encadrement des espaces dans lesquels les activités de chasse et de pêche peuvent être pratiquées.

2/ L'encadrement des lieux de chasse et de pêche

S'agissant maintenant des restrictions territoriales, il s'agit cette fois de restreindre les activités de chasse et de pêche, non plus en fonction des espèces ou des périodes, mais au regard de certaines zones délimitées. Là encore, on distinguera selon qu'il est question de la chasse ou de la pêche en eau douce.

Concernant la pêche, les restrictions territoriales peuvent être temporaires ou permanentes. Dans le premier cas[1], le préfet, après avis délégué régional de l'office national de l'eau et des milieux aquatiques, de la fédération départementale des associations agrées de pêche et de protection des milieux aquatiques, et des associations agrées pêcheurs professionnels en eau douce, peut édicter réserves temporaires dont il fixe limite aval et amont, et durée. Cela permet une protection précise de pans de cours d'eau dans lesquels la population de certaines espèces pêchées est menacée. Dans le second cas[2], il s'agit de fixer par décret des zones de réserves dans lesquelles la pêche est interdite de manière plus permanente afin de favoriser la protection ou la reproduction du poisson. Enfin, des restrictions plus précises sont aussi en vigueur, comme l'interdiction de pêcher à partir des barrages et des écluses ainsi que sur une distance de 50 mètres en aval de telles infrastructures[3], ou encore dans les dispositifs assurant la circulation des poissons dans les ouvrages construits dans le lit des cours d'eau, dans les pertuis, vannages et dans les passages d'eau à l'intérieur des bâtiments[4]. La même réserve peut toutefois être émise s'agissant de la mise

[1] V. l'article R436-73 du Code de l'environnement.
[2] V. l'article L436-12 du Code de l'environnement.
[3] V. l'article R436-71 du Code de l'environnement.
[4] V. l'article R436-70 du Code de l'environnement.

en œuvre de telles interdictions, qui nécessitent un réel contrôle pour être réellement effectives.

Concernant la chasse, plusieurs types de réserves coexistent, réparties cette fois plutôt par compétences[1]. D'abord, les réserves dites « de société », qui sont fixées par le règlement intérieur des fédérations locales : leur durée et leur emplacement sont choisis par les associations, et peuvent par ailleurs ne concerner qu'une seule espèce de gibiers. Il est donc possible d'adopter une protection renforcée, selon les particularités cynégétiques locales. Ensuite, des réserves nationales de chasse et de faune sauvage peuvent être édictées, qui quant à elles sont décidées par un comité présidé par le préfet, qui se réunit au moins une fois par an fois pour fixer les modalités de la mise en réserve et sa gestion. L'articulation de ces différents échelons suit la même logique que précédemment, même si encore une fois il est davantage question de la protection des animaux en tant qu'espèce menacée ou menaçante que leur protection du point de vue des souffrances qu'ils pourraient endurer. Le droit de l'environnement prend toutefois ces dernières en compte, mais insuffisamment.

II. Une protection insuffisante contre les souffrances animales

Si le droit de l'environnement permet une protection des animaux par l'interdiction de la pratique de l'activité, elle est aussi permise par l'encadrement de la pratique de la chasse et de la pêche, qui demeure toutefois tout autant perfectible (A). Les différentes imperfections constatées sont en effet inhérentes au fait que le droit de l'environnement demeure centré sur la préservation des ressources naturelles, et occulte très largement les souffrances que peuvent endurer les animaux pêchés ou chassés (B).

[1] V. l'article L422-27 du Code de l'environnement, et l'arrêté du 13 décembre 2006 relatif aux réserves de chasse et de faune sauvage.

A/ L'encadrement perfectible de la pratique de la chasse et de la pêche

La protection des animaux permise par l'encadrement de la pratique de la chasse et de la pêche peut découler de l'encadrement de la taille et du nombre d'animaux pouvant être capturés (1), mais aussi de l'encadrement des techniques de chasse et de pêche permettant ces captures (2).

1/ L'encadrement de la taille et du nombre de captures

Concernant le premier élément, en matière de pêche en eau douce, la taille minimale de capture est fixée par décret[1], et dépend des espèces de poissons concernées[2]. À noter qu'il est possible d'y déroger par arrêté préfectoral, de deux manières[3] : en baissant la taille minimale de capture « en fonction des caractéristiques de développement des poissons de ces espèces dans certains cours d'eau »[4], ou en augmentant la taille minimale de capture[5]. L'avantage est que globalement, une harmonisation est favorisée au niveau du territoire national, et les dérogations prévues sont encadrées dans des seuils précis et se justifient en fonction des particularités locales relatives aux cours d'eau concernés. Toutefois, dans une perspective de protection des animaux, on peut regretter qu'il n'y ait pas davantage de libertés pour augmenter la taille minimale de capture. En effet cela aurait permis une meilleure protection, adaptée aux volontés des associations de pêche locales qui auraient pu préférer préserver

---

[1] V. l'article R436-18 du Code de l'environnement.

[2] Par exemple : 0,50 mètre pour le brochet, 0,23 mètre pour les truites autres que la truite de mer, l'omble ou saumon de fontaine et l'omble chevalier.

[3] V. l'article R436-19 du Code de l'environnement.

[4] Mais encadré dans une limite minimale : 0,20 mètre ou 0,18 mètre pour la taille minimale de l'omble ou saumon de fontaine, de l'omble chevalier et des truites autres que la truite de mer.

[5] Là encore enserrée dans une fourchette maximale : 0,30 mètre, ou bien 0,25 mètre pour l'omble, le saumon de fontaine, l'omble chevalier et les truites autres que la truite de mer voire 0,35 mètre pour l'ombre commun, ou encore 0,60 mètre pour le brochet.

davantage les ressources piscicoles. Quant au nombre maximal de capture, il est là encore fixé par décret[1], avec cette même possibilité d'y déroger par arrêté préfectoral, mais uniquement à la baisse : il est ainsi possible d'opter, cette fois sans limite, pour une baisse du nombre maximal de captures. Cet aspect est ainsi préférable au précédent, dans la mesure où une marge de manœuvre est laissée au niveau local pour accentuer la protection des animaux. La vente est enfin interdite aux non professionnels[2], en vue d'éviter une surpêche des particuliers. La logique est similaire s'agissant de la pêche en mer de loisir, dans laquelle une taille ou un poids minimal de capture est fixé, mais qui diffère selon les zones géographiques en question[3].

En matière de chasse, là encore, l'encadrement est bien différent. Un plan de chasse est fixé au niveau départemental, et est complété par un plan de chasse individuel[4], si bien qu'il faut raisonner par département. Le plan de chasse individuel est fondamental : il demandé par le Président de la fédération départementale ou interdépartementale des chasseurs, sur avis de la chambre de l'agriculture, de l'Office national des forêts, de l'association départementale des communes forestières et de la délégation régionale du centre national de la propriété forestière. Ces différents organes émettent notamment des avis sur le nombre minimal et maximal de captures autorisées[5], qui s'adapte en fonction du sexe de l'animal, de son poids, de son âge... Des dispositifs de marquage sont mis en place sur les animaux abattus pour s'assurer de la conformité avec le plan et bonne gestion cynégétique[6]. Là encore, les particularismes locaux prévalent, ce

---

[1] Le nombre maximal de captures est fixé à 10 poissons par jour et par pêcheur pour les salmonidés, 2 pour brochet en 1ère, et en 2nd catégorie, ou encore 3 carnassiers dont 2 brochets maximum.

[2] V. l'article L436-15 du Code de l'environnement.

[3] V. l'arrêté du 26 octobre 2012 déterminant la taille minimale ou le poids minimal de capture des poissons et autres organismes marins (pour une espèce donnée ou pour une zone géographique donnée) effectuée dans le cadre de la pêche maritime de loisir.

[4] V. l'article R425-6 du Code de l'environnement.

[5] Qui peut changer d'une année à l'autre sur 3 ans.

[6] V. les articles R425-10 et – 11 du Code de l'environnement.

qui se justifie par une volonté de gérer au mieux le nombre d'individus chassés : les animaux concernés sont donc incidemment protégés de ce point de vue. La protection des animaux est aussi permise par le droit de l'environnement au travers de l'encadrement des techniques de chasse et de pêche.

2/ L'encadrement des techniques de chasse et de pêche

En matière de pêche certaines techniques sont prohibées pour éviter la surpêche. C'est par exemple le cas de l'interdiction d'ériger un barrage ou tout autre dispositif visant à empêcher entièrement passage poisson ou le piéger[1]. D'autres satisfont aussi cet objectif, mais visent aussi directement à éviter les souffrances animales. C'est le cas de l'interdiction d'utiliser des drogues ou appâts pour enivrer le poisson ou le détruire, de l'interdiction d'utiliser des explosifs, des procédés d'électrocution ou des produits ou moyens non autorisés[2], ou enfin de l'interdiction de tirer avec une arme à feu sur le poisson. D'autres prohibitions visent à protéger certaines espèces jugées sensibles, en vue d'éviter de préserver les possibles zones de frayage, comme l'interdiction de pêcher le saumon en étant dans l'eau, sauf exception sur des parcours délimités[3]. Certaines portions de rivières sont aussi encadrées et restreintes à certaines pratiques de pêche plus protectrices des poissons[4], bien que l'objectif soit aussi de garantir la pratique de l'activité de loisir et de privilégier certaines techniques. De ce point de vue, les souffrances animales sont cette fois prises en compte, bien qu'elles se couplent avec la volonté de préserver le milieu naturel et la pérennité de l'activité de loisir. Il n'y a en revanche assez peu de dispositions relatives au comportement à adopter lors des

---

[1] V. l'article L436-6 du Code de l'environnement, un tel comportement est d'ailleurs puni de 3750€ d'amende.

[2] V. l'article L436-7 du Code de l'environnement, qui sanctionne un tel comportement par deux ans d'emprisonnement et 100 000€ d'amende.

[3] V. l'article L436-4, 3° du Code de l'environnement.

[4] Par l'utilisation de petits hameçons, et par l'obligation de relâcher le poisson dans certaines zones.

prises, de la libération du poisson ou de sa mise à mort : seuls des guides de bonne conduite peuvent être identifiés[1].

La logique est similaire s'agissant de la chasse. Certains procédés ont ainsi explicitement été prohibés du fait des souffrances causées aux animaux. C'est par exemple le cas de l'utilisation des pièges à mâchoires[2], de gaz explosif ou toxique dans les terriers[3], d'armes automatiques, d'armes qui permettent de tirer à une distance supérieure à 300 mètres, d'arbalètes, de tout dispositif électrocutant, ou encore du déterrage des marmottes, de l'utilisation d'un aéronef, drone, bateau ou tout véhicule terrestre à moteur. L'objectif est ici de garantir à l'animal d'être protégé contre des souffrances excessives causées par une technique de chasse, mais aussi d'éviter les procédés qui traduiraient une forme de déloyauté envers l'animal qui n'aurait aucune chance de survie. Les comportements en ce qui concerne la chasse et la mise à mort de l'animal relèvent davantage de l'éthique de chasse que d'une réelle législation[4], d'autant qu'elle est aussi confrontée à des coutumes qui demeurent. La chasse à courre reste autorisée, de même pour la chasse à l'arc, ou encore la chasse effectuée en plaçant des animaux en cage. D'autres méthodes discutables comme le piégeage des alouettes à la pante (filet) et à la matole (petite cage), sont encore permises, même si elles sont soumises à des quotas. La question des souffrances animales s'efface bien souvent devant la tradition culturelle,

---

[1] On pourrait regretter que la mise à mort rapide du poisson prélevé ne soit pas imposée, plutôt que recommandée, afin de sensibiliser davantage sur les souffrances causées par une mort par étouffement, par exemple.

[2] V. le règlement (CEE) n°3254/91 du Conseil du 4 novembre 1991 interdisant l'utilisation du piège à mâchoires dans la Communauté et l'introduction dans la Communauté de fourrures et de produits manufacturés de certaines espèces animales sauvages originaires de pays qui utilisent pour leur capture le piège à mâchoires ou des méthodes non conformes aux normes internationales de piégeage sans cruauté. Dans ce cas, une véritable disposition est destinée à encadrer l'activité de chasse exclusivement dans le but d'éviter une souffrance animale.

[3] V. les articles L424-4 et suivants du Code de l'environnement.

[4] C. MOUNET, L. CHANTELOUP, « Les pratiques de chasse face à la sensibilité animale. De l'indivisibilité à l'éthique de chasse ? », Frontières, Université du Québec à Montréal, 2019, disponible sur HAL.

même si cette dernière peut parfois perdre du terrain. L'exemple de la chasse à la glu[1] est ainsi assez parlant de ce point de vue. En effet, suite à un avis du 2 juillet 2020 de la Commission européenne[2], un décret 27 août 2020 avait posé une interdiction pendant une année de cette pratique. Un arrêt du 17 mars 2021 de la Cour de justice de l'Union Européenne semble toutefois y donner un coup d'arrêt définitif, en déclarant contraires à la directive oiseaux les dérogations permises[3], ensuite entériné par un arrêt du Conseil d'État du 28 juin 2021[4]. Nul doute que certaines pratiques précitées suivront le même chemin, dans la mesure où elles étaient déjà dans le viseur de la Commission. L'affaire illustre ainsi à quel point la protection des animaux accordée par le droit de l'environnement contre les souffrances engendrées par certaines pratiques met parfois un certain temps à être effective, d'autant qu'elle n'est en général qu'indirecte

---

[1] La chasse à la glu est une technique visant à piéger sur des branches enduites de glu des passereaux, pour que leurs chants attirent leurs congénères qui seront ensuite chassés au tir. Outre la souffrance causée à l'animal piégé, ce procédé est non sélectif. En effet, d'autres espèces, et notamment des espèces protégées, peuvent se retrouvées piégées à leur tour, et être ainsi mises en danger.

[2] V. les procédures d'infraction du mois de juillet 2020, site internet de la commission européenne. La commission estime ainsi que « *la France a autorisé plusieurs méthodes de capture d'oiseaux, comme la colle pour les grives et les filets et pièges pour les alouettes et les pigeons, qui ne sont pas des méthodes sélectives et sont interdites par la directive. Les États membres peuvent déroger à certaines dispositions de la directive, mais seulement à certaines conditions strictes, qui ne sont pas remplies en l'espèce, notamment parce que la plupart des espèces capturées ne présentent pas un bon état de conservation* ».

[3] V. CJUE, 17 mars 2021, One Voice et Ligue pour la protection des oiseaux (LPO)/Ministre de la Transition écologique et solidaire, n° C-900/19. Elle estime qu'« un Etat membre ne peut pas autoriser une méthode de capture d'oiseaux entraînant des prises accessoires dès lors qu'elles sont susceptibles de causer aux espèces concernées des dommages autres que négligeables» et parce que «les oiseaux capturés subissent un dommage irrémédiable ». La protection consacrée reste toutefois très centrée sur la préservation des espèces, et assez peu sur les souffrances causées à l'animal par la pratique de cette technique de chasse.

[4] V. C.E., 28 juin 2021, n°443849, n°434365 et n°425519. Notons toutefois que sa position avait été auparavant plutôt prudente sur la question, la chasse à la glu ayant été validée dans une décision du 28 décembre 2018, faisant fi des positionnements antérieurs de la CJUE envers d'autres États.

puisque centrée sur la protection des espèces, perçues comme étant avant tout des ressources naturelles.

B/ L'insuffisance d'une protection centrée sur la préservation des ressources naturelles

La lecture du Traité sur le fonctionnement de l'Union européenne semblait donner une lueur d'espoir quant à l'inspiration qui pourrait être donnée à la réglementation européenne en matière environnementale. En effet, l'article 13 mentionne que « l'Union et les États membres tiennent pleinement compte des exigences du bien-être des animaux en tant qu'êtres sensibles ». L'inspiration est certes à saluer, mais elle se retrouve assez peu dans les différents textes cités, qu'ils soient d'origine nationale ou européenne.

En droit français, un autre texte semble y faire écho. En effet, l'article L214-3 du code rural et de la pêche maritime, présent dans un chapitre justement consacré à la protection des animaux, dispose qu'il « est interdit d'exercer des mauvais traitements envers les animaux domestiques ainsi qu'envers les animaux sauvages apprivoisés ou tenus en captivité. Des décrets en Conseil d'Etat déterminent les mesures propres à assurer la protection de ces animaux contre les mauvais traitements ou les utilisations abusives et à leur éviter des souffrances lors des manipulations inhérentes aux diverses techniques d'élevage, de parcage, de transport et d'abattage des animaux. Il en est de même pour ce qui concerne les expériences biologiques médicales et scientifiques qui doivent être limitées aux cas de stricte nécessité ».

L'interdiction des mauvais traitements ne profite ainsi qu'aux animaux domestiques et aux « animaux sauvages apprivoisés ou tenus en captivité ». Cela témoigne d'une certaine vision que peut avoir le législateur sur les animaux sauvages. D'autant qu'en raisonnant *a contrario* – au risque de pousser le raisonnement jusqu'à l'absurde – on pourrait imaginer que c'est ainsi une autorisation à faire souffrir les autres animaux, précisément chassés ou pêchés. L'ajout de l'expression « apprivoisés ou tenus en captivité », qui certes tient au domaine visé par les textes[1], semble assez peu appropriée. Il serait préférable de la supprimer, voire de reformuler et déplacer le texte pour lui donner une portée plus générale, pour ensuite l'appliquer « *a fortiori* » aux animaux visés par le chapitre du Code rural concerné.

Un autre exemple, qui peut paraître anecdotique, tend à montrer que la protection des animaux n'est pas toujours privilégiée. En matière de pêche, l'article R436-37 du Code de l'environnement dispose que « quand un cours d'eau ou un plan d'eau est mitoyen entre plusieurs départements, il est fait application, à défaut d'accord entre les préfets, des dispositions les moins restrictives dans les départements concernés ». En d'autres termes, dans ce cas précis, c'est la pratique de l'activité de loisir qui doit primer sur la protection des animaux, voire même de l'espèce. La disposition illustre par ailleurs les carences des compétences préfectorales, dans la mesure où les impératifs de protection des espèces, sur un même cours d'eau ou plan d'eau peuvent différer.

Ces divers exemples illustrent que le droit de l'environnement, du moins en matière de chasse ou de pêche, peut parfois être défaillant à protéger les animaux contre les souffrances qu'ils endurent, très simplement parce que ce n'est pas l'objectif qu'il poursuit. D'autant que ces activités sont le fruit de coutumes parfois tenaces, qui se heurtent à des normes supranationales le plus souvent mal acceptées et intégrées en droit français. Or, protéger les animaux en tant qu'individus sensibles permet nécessairement de protéger l'espèce. En satisfaisant ce premier objectif, tout texte ayant vocation à protéger l'environnement parviendra nécessairement au second : droit de l'environnement et protection des animaux, peuvent donc être *a priori* complémentaires. En revanche, il peut être observé, en matière de chasse et de pêche, qu'en protégeant les espèces, la protection des animaux en tant qu'individus

[1] Cette disposition est en effet située dans le chapitre relatif à la garde et la circulation des animaux et des produits des animaux.

sensibles est assez rarement assurée, ou ne l'est que de manière incidente.

BIBLIOGRAPHIE :

Encyclopédies, ouvrages généraux et spéciaux

L. FONBAUSTIER, *Manuel de droit de l'environnement*, P.U.F., 2ème édition, 2020.

J.-Y. GOUGNAUD, Périodes de chasse et droit communautaire : les difficultés de l'application en France de l'article 7-4 de la directive 79/409/CE relative à la conservation des oiseaux sauvages, thèse dactylographiée, soutenue le 12 janvier 2007.

P. Ch.-A. GUILLOT, *Droit de l'environnement*, Ellipses, 2ème édition, 2010.

P. MALINGREY, *Introduction au droit de l'environnement*, Lavoisier, 3ème édition, 2007.

É. NAIM-GESBERT, Droit général de l'environnement, Introduction au droit de l'environnement, Lexis Nexis, 3ème édition, 2019.

Articles de revue

J. BÉTAILLE, « La directive Oiseaux quarante ans après : des résultats encourageants et des espoirs à concrétiser », *Revue trimestrielle de droit animalier*, Observatoire des mutations institutionnelles et juridiques, Université de Limoges, 2020.

C. MOUNET, L. CHANTELOUP, « Les pratiques de chasse face à la sensibilité animale. De l'indivisibilité à l'éthique de chasse ? », Frontières, Université du Québec à Montréal, 2019, disponible sur HAL.

Normes ou déclarations internationales

Convention internationale pour la régulation de la chasse à la baleine et aux grands cétacés du 2 décembre 1946.

Déclaration de Stockholm des Nations Unies du 16 juin 1972.

Normes européennes

Directive 79/409/CEE du Conseil, du 2 avril 1979 concernant la conservation des oiseaux sauvages.

Règlement (CEE) n°3254/91 du Conseil du 4 novembre 1991 interdisant l'utilisation du piège à mâchoires dans la Communauté et l'introduction dans la Communauté de fourrures et de produits manufacturés de certaines espèces animales sauvages originaires de pays qui utilisent pour leur capture le piège à mâchoires ou des méthodes non conformes aux normes internationales de piégeage sans cruauté.

Directive 92/43/CEE du Conseil du 21 mai 1992, concernant la conservation des habitats naturels ainsi que de la faune et de la flore sauvages.

Règlement (CE) n°338/97 du Conseil du 9 décembre 1996 relatif à la protection des espèces de faune et de flore sauvages par le contrôle de leur commerce.

Lois et règlements

Arrêté du 8 décembre 1988 fixant la liste des espèces de poissons protégées sur l'ensemble du territoire national. Est ainsi mentionnée l'interdiction de détruire ou enlever les œufs de certaines espèces, ou de détruire, altérer, ou dégrader des milieux particuliers comme les lieux de reproduction.

Arrêté du 23 avril 2007 fixant la liste des mammifères terrestres protégés sur l'ensemble du territoire et les modalités de leur protection. Est ici fixée l'interdiction de capturer, détruire, mutiler ou perturber ces animaux dans le milieu naturel.

Arrêté du 23 avril 2007 fixant les listes des mollusques protégés sur l'ensemble du territoire et les modalités de leur protection, qui suit le même modèle qu'en ce qui concerne les mammifères.

Arrêté du 29 octobre 2009 fixant la liste des oiseaux protégés sur l'ensemble du territoire et les modalités de leur protection.

Arrêté du 1er juillet 2011 fixant la liste des mammifères marins protégés sur le territoire national et les modalités de leur protection.

Arrêté n°32-2020 concernant l'ouverture et la clôture de la chasse pour la campagne 2020/2021 dans le département du Gers, site internet « chasseurs de France ».

Arrêté n°64-2020-08-18-003 modificatif relatif à l'ouverture générale et la clôture de la chasse en plaine pour la campagne 2020/2021 dans le département des Pyrénées Atlantique, site internet « chasseurs de France ».

Arrêté n°2020-663 fixant les dates d'ouverture-clôture et les modalités d'exercice de la chasse pour la campagne 2020/2021 dans le département des Landes, site internet « chasseurs de France ».

Arrêté n°65-2020-05-25-005 fixant les dates d'ouverture et de clôture de la chasse à tir pour la campagne cynégétique 2020/2021 dans le département des Hautes Pyrénées, site internet « chasseurs de France ».

Le droit pénal et les animaux : l'animal dans la nature, l'animal hors la nature

Par Mael GERMAIN

Doctorant en droit privé et sciences criminelles, I.F.T.J. - E.A. 7504, Université de Pau et des Pays de l'Adour

---

Il faut comprendre le droit comme s'adressant à l'homme car une norme « ne peut être posée de manière adéquate à la seule condition qu'elle soit adressée à un être qui peut comprendre son contenu et avoir l'intention de se comporter en la respectant »[1]. Mais le destinataire de la norme peut être compris différemment suivant les lieux et les époques. Ainsi, comme le rapporte Kelsen, la Bible fait mention d'un bœuf qui doit être tué pour avoir causé la mort d'un homme[2]. Luc Ferry entame son livre *Le nouvel ordre écologique* par la description des procès d'animaux au Moyen-Age (dont certains furent gagnés par les animaux)[3]. Pourquoi cela était-il possible ? Cela viendrait, selon Kelsen toujours, d'une antique vision animiste du monde d'après laquelle « non seulement les êtres humains, mais aussi les animaux et les objets inanimés ont une "âme" »[4]. Si l'animisme importe à Kelsen pour dégager le principe d'imputation[5], il est dans les passages évoqués la marque des scories que les fondements de la pensée d'une civilisation laissent dans le droit

---

[1] H. KELSEN, *Théorie générale des normes*, PUF, Paris, 1996, p. 115. Voir également pour des propos quasiment identiques : H. KELSEN, *Théorie pure du droit*, LGDJ, Paris, 1997, p. 39 et s.

[2] Quelques lignes après que le principe de rétribution, ou loi du Talion, soit posé (« *œil pour œil, dent pour dent* »), *Ibid.*

[3] L. FERRY, Le nouvel ordre écologique - l'arbre, l'animal et l'homme, Grasset, Paris, 1992.

[4] H. KELSEN, Théorie générale des normes, op. cit. p. 116.

[5] H. KELSEN, Théorie pure du droit, op. cit., p. 91 et s.

positif[1]. Il n'est concevable en droit d'intenter une action contre un animal que parce que l'animal est pensé, en dehors du droit, comme possédant une « âme ». Si de l'âme nous sommes passés à l'intérêt personnel, il redevient concevable d'octroyer des droits aux animaux : il suffit de les concevoir comme ayant un intérêt[2]. L'humanisme de la période actuelle centre nécessairement le droit sur les humains, mais n'écarte pas pour autant l'animal du droit. Il ne saurait être un sujet, certes, mais il peut, et doit, demeurer en tant qu'objet du droit (jusqu'à présent au moins), voire être protégé par lui. *A fortiori*, être protégé par le droit pénal.

Dans la mesure ou le droit porte en lui les marqueurs de la pensée de son époque, alors la construction juridique de l'animal est tributaire des idées dominantes au sein de la société. Cela se traduit par la construction légale des normes protégeant l'animal. En matière de pêche par exemple – comme en matière de chasse - l'animal est plutôt conçu par la loi comme appartenant à une espèce, et non comme un être vivant doué de sensibilité[3]. Mais précisément, le droit pénal quant à lui connait l'animal selon plusieurs modalités, soit comme un être vivant doué de sensibilité, soit comme appartenant à une espèce en particulier[4]. Deux grands corps de règles protègent l'animal en

---

[1] « Les civilisations se transforment – elles sont mêmes mortelles, a dit Paul Valery – et il est naturel de découvrir dans la législation pénale les traces des modifications qu'elles subissent. » Cf : R. MERLE et A. VITU, Traité de droit criminel, Droit pénal spécial par André Vitu, T. 1, Éditions Cujas, Paris, 1982, p. 14.

[2] Voir la contribution de L. DUFAUR-DESSUS.

[3] Le droit va principalement concevoir la protection des animaux en matière de pêche d'après l'idée selon laquelle un animal est un représentant de son espèce et non un individu. Autrement dit, c'est l'idée d'espèce qui est ici l'idée dominante, et celle-ci n'appelle forcément pas aux mêmes types de règle que lorsque l'animal est conçu en tant qu'individu. Voir la contribution de C. EDOUARD.

[4] Certaines infractions protégeant l'animal seront constituées par l'atteinte faite à l'individu animal lui-même, sans autre considération, quand d'autres infractions sont constituées de manière à prendre en compte l'espèce comme les infractions aux quotas en matière de chasse. Ce second type d'infraction permet la destruction d'individu tout en protégeant l'espèce animale. Suivant la

droit pénal[1]. D'une part le droit pénal commun qui protège l'animal comme étant un être vivant doué de sensibilité, et d'autre part le droit pénal de l'environnement qui protège l'animal comme appartenant à ou participant de l'environnement, d'une manière ou d'une autre. En ne considérant que les infractions qui visent spécifiquement la protection des animaux, il est déjà possible de parler d'un droit pénal qui protège l'animal dominé[2], et d'un droit pénal qui protège l'animal non-dominé.

Rien de plus normal *a priori*. En effet, l'homme a toujours domestiqué ce qui l'entoure. C'est un geste anthropologique fondateur. Il s'agit, non pas encore de connaitre, mais d'appréhender un phénomène, un objet, afin de conjurer la peur que peut produire l'inconnu, le hors-de-contrôle, le non-maitrisé. Et justement, Descartes donne à l'homme le rôle de se rendre : « comme maître et possesseur de la nature »[3]. Et c'est ce que l'homme a fait. Mais depuis quelques temps déjà, l'homme a redécouvert qu'il entretenait d'autres relations avec les animaux. C'est l'avènement de l'écologie[4]. L'entreprise de

---

conception de ce qui doit être protéger, la protection, sa nature et ses modalités varient.

[1] Il serait possible d'élargir ce propos. Par exemple en considérant que le droit pénal relatif aux biens protège également les animaux, par exemple en incriminant le vol, puisqu'un animal peut bien être volé à son propriétaire. Mais l'animal n'est plus vraiment un animal, il n'est dans ce cas qu'un « pur bien ». Ainsi, en cas de vol, il importe peu que le propriétaire d'un animal fasse des expérimentations sur lui, le mobile étant indifférent à la constitution de l'infraction, quand bien même le mobile du voleur est précisément la protection animal (voir : Cass. Crim. 13 mai 1992, n° 91-83.204).

[2] Il faudrait dire avec Michel Redon : « animal placé sous la main de l'homme » ce qui permet de contenir les termes présents dans les normes pénales du droit commun, à savoir : « domestique, tenu en captivité et apprivoisé ». Pour faciliter la lecture, dans l'exact même sens que le « placé sous la main de l'homme » de Michel Redon, nous dirons « dominé » et donc, lorsque l'animal n'est ni domestique, ni tenu en captivité et ni apprivoisé, nous dirons « non-dominé » ; *Cf* : M. REDON, *Animaux,* Répertoire de droit pénal et de procédure pénale, Février 2016.

[3] R. DESCARTES, *Discours de la méthode,* J'ai Lu, Paris, 2015, p. 66.

[4] Dont la racine grecque est « *oikos* » qui signifie « maison », ce qui renvoie à l'idée de domestication, dont la racine latine est « *domus* » qui signifie

domestication est peu à peu remplacée par une entreprise de préservation. Le droit pénal porte les traces de la civilisation qui le produit, mais également de l'époque qui le contient. Il est donc cohérent de retrouver deux corps de normes pénales protégeant l'animal : le droit pénal commun qui protège l'animal dominé, résidu de la pensée cartésienne, et le droit pénal de l'environnement qui protège l'animal non-dominé, produit de la pensée contemporaine. Cette dichotomie est normale vis-à-vis de l'histoire de la France, de l'histoire des idées plus particulièrement.

C'est la loi, le droit positif, qui distingue ainsi deux catégories d'animaux. Mais l'hypothèse est que si le droit pénal contient les marques de la pensée, alors cette distinction ne doit pas s'arrêter à la loi. Cette distinction doit être présente partout, y compris dans l'esprit – voire l'inconscient - du juge, au-delà des simples règles écrites, lorsqu'il apprécie les faits qui lui sont soumis, lorsqu'il est amené à regarder le comportement qu'a eu l'animal dans un cas concret. Une pensée profonde - ou paradigme[1]- étant le cadre de la pensée même, ses effets doivent être présents à divers niveaux du droit.

Précisément, c'est ce qui s'observe au travers de la jurisprudence pénale. L'animal dominé n'est pas appréhendé par le juge de manière similaire à l'animal non-dominé. L'animal dominé semble être perçu par le juge comme étant un animal

---

également « maison ». Si la domestication signifie le fait de faire rentrer quelque chose dans le domaine de l'homme, et ainsi en avoir la maîtrise, l'écologie signifie plutôt connaitre le domaine de l'homme, savoir qu'il n'est pas habité que par l'homme, et en déduire les conséquences qui s'imposent.

[1] Voir sur ce terme la pensée d'Edgard Morin, notamment son œuvre : *La méthode*, Éditions du Seuil, 2008, p. 1477. Pour une définition précise, voir : D. DE BÉCHILLON, « La transdisciplinarité : méthode pour une anthropologie fondamentale », *Transdisciplines, Revue d'épistémologie critique et d'anthropologie fondamentale,* 1996, p. 1-37. Ainsi, le paradigme « *contient, pour tout discours s'effectuant sous son empire, les concepts fondamentaux ou les catégories maîtresses de l'intelligibilité, en même temps que le type de relations logiques d'attraction / répulsion (conjonction, disjonction, implication ou autres) entre ces concepts ou catégories. Ainsi, les individus connaissent, pensent et agissent selon les paradigmes inscrits culturellement en eux.* »

situé hors de la nature, c'est-à-dire comme un animal dont le comportement *a priori* naturel n'est pas considéré comme normal[1]. Au contraire de l'animal non-dominé qui semble être perçu comme un animal dans la nature, c'est-à-dire dont le comportement *a priori* naturel est perçu comme normal. Il faudrait définir ce que signifie « naturel » dans l'expression « comportement naturel » mais une telle entreprise, si elle se voulait parfaitement précise, semble vaine[2]. Il s'agira donc simplement de se contenter de la représentation commune et classique de ce qui est naturel pour les animaux, saisie de manière intuitive. Ainsi, par exemple, chasser est le comportement naturel d'un chien de chasse comme il l'est pour un loup. Défendre son territoire est le comportement naturel d'un ours comme il l'est pour un chien de garde. Manger est un comportement naturel pour tout animal. C'est du moins, pour le commun des mortels, une représentation du « comportement naturel des animaux » qui est admissible, indépendamment du fait que la définition de ce qui est réellement « naturel » ne puisse être posée. Et comme cela va être vu, ce qui est naturel d'un point de vue intuitif n'est pas forcément ce qui est normal d'un point de vue juridique.

---

[1] Normal dans le sens de conforme à une norme (qui n'est pas nécessairement une norme juridique). Cette définition de « normal » impliquerait donc pour nous qu'il existe des standards comportementaux pour les animaux. La loi ne pose évidemment pas de tels standards. Mais tout l'objet de la présente contribution est de montrer que la pensée profonde d'aujourd'hui – ou l'actuel paradigme en vigueur - qui distingue entre l'animal dominé et l'animal non-dominé (comme le fait également la loi car la loi est aussi soumise à ce paradigme), contient de manière implicite (non explicitement prévue par le droit) des standards de comportements pour les animaux. Ces standards appartiennent ils au droit positif ? La question est difficile, d'une part car l'animal n'est pas destinataire de la norme juridique, d'autre part car ces standards sont dans une forme d'inconscient du droit. Pour autant, ces standards peuvent être compris comme étant à destination du juge (afin qu'il forme son jugement), et comme étant nécessairement du droit positif car sinon, ce n'est tout simplement pas du droit, et ils ne peuvent influencer l'application de règle de droit. Pour situer juridiquement les standards dont il va être question dans cette contribution, il serait donc nécessaire de travailler la notion même de droit (et donc faire de la théorie du droit). La présente contribution n'a pas de telles ambitions, mais y invite.

[2] Déterminer ce qu'est la nature est une entreprise soit métaphysique, soit encyclopédique.

L'important est là : alors que des animaux différents peuvent avoir des comportements identiques – disons « comportements naturels » -, ce comportement n'est pas référé à la même norme suivant la qualification que reçoit l'animal.

Du reste, cela pose un problème de compréhension du droit. En effet, puisque la loi ne fait que définir des catégories d'animaux en vue d'appliquer des normes différentes à ceux qui leur portent atteinte, il faut pouvoir rendre compte du fait que les qualifications dépassent la simple étape de qualification pour étendre leurs effets dans le champ de l'effectivité. En effet, si la loi précise les catégories et donne les définitions permettant de discriminer entre le dominé et le non-dominé, elle ne dit pas que le juge doit, après avoir qualifié un animal, l'apprécier différemment en fonction de sa catégorie en vue d'appliquer la norme que la catégorie détermine à appliquer.

Il est donc question de savoir si le droit connait *l'animal* en tant que notion univoque, ou équivoque. Pour ce qui concerne la loi, la question trouve une réponse simple : *l'animal* est une notion équivoque puisqu'il existe plusieurs catégories d'animaux établies par la loi. En ce qui concerne l'application de la loi par le juge, l'effectivité de la norme, la réponse est également que *l'animal* est une notion équivoque. Non pas parce que la loi en a décidé ainsi, mais parce que le juge emploie deux modèles de référence différents pour l'animal, tels deux standards juridiques différents. L'un est *l'animal dans la nature*, l'autre est *l'animal hors la nature*. L'un étant le négatif de l'autre, un seul de ces deux termes suffit. Par référence au *bonus pater familias,* nous parlerons donc du *bonus canis familias*.

Il n'y a pas lieu de s'étonner de cette différence de traitement puisque les deux grands corps de règles évoqués ont des objectifs différents clairement établis. Il y a, en revanche, tout lieu d'établir et préciser cette différence qui n'est pas textuellement prévue et d'en déterminer la source. Or pour cela il faut procéder à une comparaison méthodique. Il nous faut donc constituer un corpus de jurisprudence propre à fonder notre conclusion. C'est pourquoi une large part des développements seront consacrés à la méthode. Ainsi, nous nous attacherons d'abord à limiter notre propos, et poser les fondations de notre raisonnement (I), pour ensuite, poser réellement la distinction : *animal dans la nature, animal hors la nature* et donc du *bonus canis familias,* et en saisir le sens (II).

I) Une comparaison pertinente entre le dominé et le non-dominé

Le point de départ de notre raisonnement consiste en l'identification des qualifications pénales, afin de les distinguer et de poser le problème de l'effectivité (A). Après quoi il s'agira de délimiter un corpus de jurisprudence qui permet de procéder effectivement à la comparaison cherchée (B).

A) L'identification des qualifications pénales

Notre but est de rechercher comment, dans l'effectivité de la norme pénale, dans son application par le juge, l'animal est apprécié pour lui-même, en dehors de la catégorie sous laquelle il est subsumé. Or, le juge n'est pas sensé s'attarder sur l'animal en lui-même – sauf sur la qualification de celui-ci. Pour atteindre ce but, il nous est nécessaire de procéder à une comparaison. Il nous faut comparer la manière dont est apprécié l'animal dominé à la manière dont est apprécié l'animal non-dominé. Faut-il encore comparer ce qui est comparable. Il nous faut donc rechercher le bon point de comparaison.

Il existe en droit pénal plusieurs modes de protection de l'animal.

L'animal est protégé par le droit pénal commun, c'est-à-dire comme étant un être vivant doué de sensibilité. Cette protection pénale passe par plusieurs infractions : l'article 521-1 du Code pénal qui incrimine les sévices et actes de cruauté sur animal domestique, tenu en captivité ou apprivoisé[1]. L'article

---

[1] Pour rappel : les termes « domestique, tenue en captivité ou apprivoisé » peuvent tous être contenus dans l'expression « placé sous la main de l'homme », que par facilité, nous remplaçons par l'unique terme « dominé ».

521-2 du Code pénal incrimine les expérimentations illégales sur animal. L'article R.653-1 du même code incrimine les atteintes involontaires à la vie ou l'intégrité physique d'un animal domestique, tenue en captivité ou apprivoisé. L'article R.654-1 du même code incrimine les mauvais traitements envers un animal domestique sans nécessité. Et enfin article R.655-1 du même code qui incrimine les atteintes volontaires à la vie d'un animal domestique.

L'animal est protégé en tant qu'il est un bien, par toutes les infractions sur les biens, lorsqu'il est volé à son propriétaire par exemple. Mais ce droit pénal protège bien plus la propriété que l'animal pour lui-même. Aussi, cette partie du droit pénal sera écartée. De même, ne seront pas utilisées les infractions commises par le moyen d'un animal car, bien que l'animal soit présent dans ces infractions, ce n'est pas pour en recevoir la protection.

L'animal est protégé en droit pénal de l'environnement, c'est-à-dire comme faisant partie de la faune sauvage, comme appartenant à une espèce protégée, comme participant à la biodiversité, etc.

Cette protection pénale est bien plus large et aussi plus spécifique. En effet, d'une part il va exister beaucoup plus d'infractions, d'autre part, c'est un droit pénal largement accessoire, c'est-à-dire qui dépend d'autres normes, contrairement au droit pénal commun. Bon nombre d'infractions comprises dans le droit de l'environnement sanctionnent des règles techniques. Mais le droit pénal de l'environnement pouvant être compris largement, il pourrait intégrer une infraction comme celle de terrorisme écologique, qui ne relève pas d'un droit pénal accessoire.

Ainsi, l'infraction de terrorisme écologique (article 421-2 du Code pénal) peut bien protéger l'animal puisque cette infraction protège l'environnement. Mais alors l'animal n'a aucune existence propre pour le droit ici. Le lien avec lui serait trop distendu pour faire quelque chose de cela. Pour ce qui va nous intéresser, c'est bien plus l'article L.415-3 du Code de l'environnement qu'il faut mentionner. Cet article incrimine, notamment, le fait de détruire un animal appartenant à une espèce protégée.

L'animal bénéfice donc bien d'une protection pénale pour lui-même. Mais l'animal, purement et simplement, n'est pas pour autant une valeur pénalement protégée. En effet, il existe deux valeurs protégées : *l'être vivant doué de sensibilité*, qu'il faut protéger pour lui-même, qu'est l'animal dominé ; *l'environnement*, qu'il faut protéger pour lui-même, et l'animal peut en faire partie, notamment en tant qu'espèce protégée.

Cette distinction se retrouve par exemple dans le répertoire de droit pénal et de procédure pénale : Michel Redon a écrit deux entrées du répertoire : l'une nommée « Animaux » dans laquelle il va être question notamment de ce qu'il appelle « l'animal placé sous la main de l'homme », et l'autre nommé « Animaux : faune sauvage » où il va être question notamment des espèces protégées. Cette distinction dans la doctrine coule de source puisque c'est une distinction qui procède de la loi.

A la question de la perception par le droit de l'animal, la réponse est donc *a priori* qu'il en existe plusieurs puisque l'animal est présent dans les deux valeurs pénalement protégées susmentionnées. Mais est-ce le même animal qui est présent dans ces deux valeurs ? Autrement dit, il faut séparer l'animal des valeurs dans lesquels il est présent pour véritablement répondre à la question.

L'animal doit être compris comme une notion. Car le terme « animal » sert aussi simplement à la désignation d'être réels. Ainsi l'ourse Cannelle et l'ourse Sarousse ne sont pas le même animal dans le sens où ce sont deux individus différents, bien qu'étant des ourses l'une comme l'autre, et partant, des animaux également. Mais en tant que mode de désignation d'être réel, *l'animal* n'a pas besoin de définition puisqu'il est très aisé de savoir intuitivement si nous avons à faire à un animal ou non. Ainsi, s'il se pose parfois pour le juge la question de savoir s'il a à faire à un animal dominé ou non-dominé[1], jamais il ne se pose la question de savoir si l'être en question est un animal ou autre chose, la réponse est intuitive, au moins pour le juriste.

Il faut aussi distinguer la notion d'animal, des catégories d'animaux qui existent en droit. Ainsi, effectivement, l'animal domestique n'est pas le même que l'animal d'une espèce protégée. Cannelle appartenait à une espèce protégée, Némo, le chien de l'actuel président de la République, est un animal domestique. Le *dominé* et le *non-dominé* sont donc deux *modes particuliers* de considérer l'animal, pour le droit ce sont deux qualifications alternatives. L'une comme l'autre ne dit pas ce qu'est *l'animal* purement et simplement.

Donc que signifie « animal » ? Que signifie « animal » en droit pénal ? Plus encore : la notion d'animal a-t-elle un contenu spécifique en droit pénal ?

Une approche a déjà été écartée en introduction. En effet, nous avons dit que si nous cherchons ce que dit la loi, alors la réponse est simple puisque la loi différencie l'animal en plusieurs catégories. Ces catégories servant à la qualification. C'est pourquoi ici nous avons précisé qu'il fallait délier *l'animal pur et simple* des différentes qualifications qu'il peut recevoir. Il n'est donc plus utile de se référer à la loi. Bien sûr, il est possible de rentrer dans les détails des qualifications, mais de manière générale la loi ne s'occupe que de qualifier l'animal, et de la qualification découle l'infraction applicable, en fonction des faits commis. D'autres éléments de droit peuvent découler de la qualification, comme la recevabilité de l'action civile des associations[2]. Ainsi, lorsque l'ourse Cannelle a été tuée, c'est l'article L.415-3 du Code de l'environnement qu'il fallait appliquer, car Cannelle appartenait à une espèce protégée, et n'était pas un animal dominé. Si quelqu'un tue Némo, ça sera

---

[1] Par exemple voir : Cass. Crim., 22 février 2005, n° 04-85.094. Il est question de savoir si un animal appartenant à une espèce protégée, reste protégé par le droit pénal de l'environnement alors même qu'il est né en captivité.

[2] Voir par exemple l'affaire de l'ourse Cannelle : Cass. Crim. 1 juin 2010, n° 09-87.159.

l'article R.655-1 du Code pénal qu'il faudrait appliquer, car Némo est un animal dominé et il n'appartient pas à une espèce protégée. Aussi, la loi ne dit rien de plus au sujet de la notion d'animal, seulement elle distingue entre certaines qualifications que peut recevoir l'animal. De là découle le régime juridique applicable.

La loi ne connait pas l'*animal pure et simple* car la notion d'animal est toujours assortie d'une autre qualification. Chercher l'animal en droit ce n'est pas trouver la notion d'animal, c'est trouver la distinction entre l'animal dominé et l'animal non-dominé. C'est donc sur un autre plan qu'il faut rechercher un contenu juridique pour la notion d'animal en droit pénal : celui de l'effectivité de la norme, ou celui d'application de la norme par le juge.

B) L'identification des jurisprudences

Il nous faut donc un point de comparaison. Mais encore faut-il comparer ce qui est comparable. Et que la comparaison soit pertinente, c'est-à-dire qu'elle porte sur la manière qu'a le juge d'apprécier l'animal, et non sur autre chose. Il faut prendre des infractions particulièrement similaires, si ce n'est justement en ce qui concerne la qualification de l'animal[1]. D'un côté un animal dominé, d'un autre côté un animal appartenant à une

---

[1] Pour être parfaitement claire, nous recherchons si « animal » veut dire la même chose en droit pénal lorsqu'il s'agit d'un « animal » appartenant à une espèce protégée ou d'un « animal » domestique, tenue en captivité ou apprivoisé. Or, rien ne permet de dire, à partir des connaissances juridiques classiques et de la théorie de l'infraction, que ce terme à une valeur juridique autre que pour désigner l'objet support de l'atteinte produite par l'élément matériel de l'infraction. Il faut donc comparer les notions « d'animal » en fonction de leur cadre d'utilisation (droit de commun, ou droit de l'environnement, c'est-à-dire dominé ou non-dominé). Pour cela il faut isoler la notion d'animal de manière à ce qu'elle soit le seul élément qui varie entre les différentes jurisprudences comparées. Pour cela il faut déterminer un cadre juridique dont les éléments juridiques sont suffisamment proches entre eux, entre le droit commun et le droit de l'environnement pour être considéré comme invariant.

espèce protégée. Ces infractions seront donc principalement celles prévues aux articles R.655-1 du Code pénal et à l'article L.415-3 du Code de l'environnement.

L'article L.415-3 du Code de l'environnement englobe un grand nombre de comportements possibles. Mais, souvent, il va s'agir d'une destruction volontaire d'un animal appartenant à une espèce protégée. Même si une faute d'imprudence suffit à caractériser l'infraction, dans les faits l'infraction est souvent commise volontairement. Il faut donc, non seulement comparer l'application de ces deux infractions, mais encore sélectionner des jurisprudences issues de fait matériels similaires : la destruction volontaire d'un animal[1].

Une différence importante subsiste entre ces deux infractions. En effet, l'article R.655-1 du Code pénal prévoit que la destruction de l'animal doit avoir lieu sans nécessité ce que ne prévoit pas l'article L.415-3 du Code de l'environnement. Mais cette différence est sans gravité, car il va suffire de comparer l'application de R.655-1 du Code pénal avec des cas ou la personne ayant commis l'infraction prévue à l'article L.415-3 du Code de l'environnement invoque le fait justificatif de l'état de nécessité. Ainsi, dans les deux cas la nécessité sera discutée par le juge, peu importe que pour le droit commun ce soit au Ministère public de rapporter la preuve de l'absence de nécessité, que pour le droit de l'environnement ce soit au prévenu de rapporter la preuve de l'existence d'un état de nécessité. Même si la nécessité intervient différemment dans le droit pénal commun et le droit pénal de l'environnement, il s'agit toujours bien de la même nécessité.

---

[1] Puisque l'article L. 415-3 du Code de l'environnement incrimine de très nombreux comportements, il faut réduire le champ de recherche aux seules jurisprudences dans lesquels les faits, s'ils avaient été commis à l'encontre d'un animal dominé, auraient été également répréhensible. Autrement dit, il faut sélectionner des jurisprudences dans lesquels les faits sont incriminée sous les éléments constitutifs des deux infractions. Bien que les infractions n'exigent pas les mêmes éléments constitutifs, la comparaison, dont le but est d'isoler la notion d'animal, exige une réduction des cas en sélectionnant non seulement des règles de droit comparables mais également des faits comparables.

Reste un problème. L'animal lui-même, son comportement, n'a pas à être apprécié par le juge, qui ne doit caractériser que les éléments constitutifs de l'infraction, dont aucun n'implique un comportement particulier de l'animal. Mais précisément, lorsque la question de la nécessité intervient, le juge va apprécier le comportement du prévenu face au comportement de l'animal. Cela dans le but d'évaluer la nécessité, de savoir s'il y a proportionnalité, immédiateté, si l'acte est nécessaire à la sauvegarde d'un bien ou d'une personne, s'il n'y a pas eu de faute antérieure, etc. C'est précisément grâce à la question de la nécessité de l'acte que l'animal est apprécié par le juge, et que va pouvoir être constaté que le juge apprécie l'animal différemment selon qu'il appartient à une espèce protégée ou selon qu'il s'agit d'un animal dominé.

Le point de comparaison est donc établi[1]. Il s'agit de comparer deux lots de jurisprudence. D'un côté les destructions volontaires d'un animal dominé avec ou sans nécessité, acte réprimé par l'article R.655-1 du Code pénal, d'un autre côté, les destructions volontaires d'un animal appartenant à une espèce protégée avec ou sans nécessité, acte réprimé par l'article L.415-3[2] du Code de l'environnement.

---

[1] Par exemple, l'arrêt de la chambre criminelle de la cour de cassation du 28 juin 2016 ne peut servir de point de comparaison car, s'il s'agit bien en espèce d'une destruction volontaire d'animal appartenant à une espèce protégée, l'état de nécessité n'est pas invoqué par le prévenu. Dès lors le comportement de l'animal n'est en aucune façon appréhendé par le juge. Voir : Cass. Crim., 28 juin 2016, n° 15-84.799. D'une autre manière, l'arrêt du 4 juin 2013, qui retient l'état de nécessité pour notamment « enlèvement d'œufs et de nid d'oiseaux non domestiques » ne peut être utilisé puisqu'il n'est pas question de destruction volontaire d'un animal. Voir Cass. Crim., 4 juin 2013, n° 12-85.272. Qu'encore, l'arrêt 23 octobre 2012 ne peut pas non plus être utilisé puisque, s'il concerne la destruction d'une espèce protégée, cette espèce est dans les faits une espèce végétale et non une espèce animale. Voir : Cass. Crim., 23 octobre 2012, n° 12-80.414.

[2] Ou l'article L215-1 ancien du Code rural renvoyant à l'article L211-1 ancien du même code, incriminant également la destruction d'espèce protégée.

II) Le *bonus canis familias* comme standard juridique de l'animal

Après avoir effectivement comparé les jurisprudences entre elles (A), nous dégagerons le *bonus canis familias* et en donnerons le sens (B).

A) La comparaison des jurisprudences

Voyons d'abord comment le juge apprécie l'animal dominé lorsqu'il fait application de la norme pénale. Il n'apprécie pas directement le comportement de l'animal, évidemment, mais la réaction de l'homme vis-à-vis du comportement d'un ou plusieurs animaux dominés. Mais cela fait rentrer, d'une certaine façon, le comportement de l'animal dans le champ d'analyse du juge.

Ainsi la personne qui tue deux lapins domestiques, dont un échappé d'un parc voisin, à coups de bâton pour défendre ses légumes que les lapins grignotaient, est en état de nécessité[1].

La personne qui tue l'un des chiens de chasse domestiques échappés du domicile d'une autre personne, d'un coup de fusil, lors d'une action de chasse, tandis que ces chiens s'en prenait à ses canards appelants, et qu'il avait vainement tenté de les faire fuir, est en état de nécessité[2].

L'agent de sécurité de la SNCF qui tue un chien qui s'en prend à son propre chien, d'un coup d'arme à feu, dans un wagon encombré, qui a tenté de séparer les chiens, que son chien était muselé tandis que le chien tué ne l'était pas, est en état de nécessité[3].

---

[1] CA, Grenoble, 22 octobre 1999, *Droit pénal*, 2000, n° 12, comm. 136, M. VÉRON.

[2] Cass. Crim., 5 avril 2011, n° 10-87.114 ; J-Y. MARÉCHAL, « Animal dans le Code pénal », Synthèse, *Jurisclasseur Pénal Code* ; M. VÉRON, « Destruction volontaire d'un animal domestique », *Droit pénal,* n° 7-8, Juillet 2011, comm. 92.

[3] Cass. Crim., 8 mars 2011, n° 10-82.078 ; G. ROUJOU DE BOUBÉE, « Droit pénal », *Recueil Dalloz*, n° 41, 2011, p. 2823 ; J-Y. MARÉCHAL, « Animal dans

La personne qui tue un chien entré dans sa propriété pour dévorer ses volailles est en état de nécessité[1]. A noter que celui qui, dans les mêmes circonstances, ne fait que blesser les chiens, mais les achève d'un coup de fusil alors qu'ils ne représentaient aucune menace est coupable de sévices[2]. Ou encore, la personne qui élève régulièrement des mouflons et des daims, qui abat des chiens qui ont pénétré dans son élevage est en état de nécessité[3], même si les chiens n'ont pas effectivement attaqué les mouflons ou les daims. Encore, celui qui tire sur des bovins en train de piétiner ses plantations, alors que ceux-ci ont une attitude menaçante, est en état de nécessité[4]

Le berger qui voit un chien égorger un de ses agneaux est dans la nécessité d'abattre ce chien[5].

Enfin, une personne peut abattre un chien « à forte musculature » qui l'agressait, se sentant légitimement en danger[6].

La nécessité est présente dans de nombreux cas, principalement en raison des « attaques » d'animaux dominés, parfois échappés de la garde de leur maître, contre les biens matériels du prévenu. Le juge a donc bien regardé quel était le comportement de l'animal afin de jauger du péril et de confirmer la nécessité qu'il y avait de les abattre. Il apprécie les éléments juridiques en fonction, a partir, avec, le comportement de l'animal qui est un élément de fait spécialement mentionné et déterminant. Voyons maintenant ce qu'il en est avec des animaux appartenant à une espèce protégée.

L'individu qui tue une buse variable, espèce protégée, alors qu'elle venait de capturer l'un de ses lapins nains, n'est pas en

---

le Code pénal », Synthèse, *Jurisclasseur Pénal Code* ; M. VÉRON, « La nécessité de tuer un chien pour protéger un autre chien », *Droit pénal,* n° 6, Juin 2011, comm. 75.

[1] Pau, 9 mars 1966, *Recueil Dalloz*. 1967. Somm. 34.

[2] Cass. Crim., 11 octobre 1978, *Recueil Dalloz*. 1979. IR. p. 101.

[3] Cass. Crim., 13 janvier 2009, n° 08-83.608.

[4] Cass. Civ 2, 28 janvier 1987, n° 85-17.486.

[5] Riom, 22 juin 1966, *Recueil Dalloz*, 1966. 514.

[6] Cass. Crim., 7 novembre 1988, n° 87-91.321.

état de nécessité car il « a commis l'imprudence de pratiquer l'élevage de lapins nains et de poulet nains en liberté, provoquant ainsi la convoitise d'un rapace dont l'espèce est protégée » aussi, il « ne saurait imputer qu'à sa seule négligence le comportement de l'oiseau qui a suivi son instinct » et ne peut invoquer la légitime défense de l'élevage [1].

Un berger ne peut pas tuer un loup, espèce protégée, même introduit artificiellement dans le territoire, alors qu'il a déjà perdu plus de soixante brebis, et que l'ensemble des bergers de la région considèrent le loup comme un obstacle à leur profession[2]. Le juge dira notamment que : « il ne peut en effet être admis que dès qu'une modification de l'environnement à des répercussions sur l'exercice d'une activité professionnelle, les représentants de la profession concernée agissent sous couvert de l'état de nécessité », (il faut noter que dans cette affaire, le prévenu avait utilisé un piège, ce qui a des implications pénales).

Celui qui tue un ours, espèce protégée, lors d'une action de chasse, alors qu'il est agressé sauvagement par ce dernier, mais qu'il se trouve sur un territoire occupé par l'ours, que sa présence lui était connue, signalée au moment des faits, a commis une imprudence préalable qui empêche que soit retenu l'état de nécessité [3].

---

1 CA, Paris, chambre 13 section B, 10 mai 1989, Numéro JurisData : 1989-024854. Bien que ce soit la légitime défense qui fut invoquée par le prévenu, c'est bien la nécessité qui importe ici. La nécessité est d'ailleurs également appréciée sous l'angle de la légitime défense. Michel Redon ne s'y trompe lorsqu'il évoque cette jurisprudence pour aborder l'indifférence aux motifs et l'état de nécessité relativement aux infractions aux règles de préservation du patrimoine naturel. En effet, même s'il est question ici de l'indifférence au motif (en l'occurrence, le motif de l'infraction était la défense des biens du prévenu, puisque la défense de l'élevage ne peut être invoqué que comme motif et non comme excuse juridique, n'étant clairement pas applicable au cas d'espèce), la Cour d'appel de Paris répond en invoquant une négligence préalable, situant son raisonnement plutôt sur le terrain de l'état de nécessité (alors même que c'est la légitime défense qui est invoquée).

2 T. corr. Nice, 24 novembre 2003, *Pogunkte*, n° 3876/03.

3 Cass. Crim. 1 juin 2010, n° 09-87.159 ; F. G. TRÉBULLE, « Droit de l'environnement », *Recueil Dalloz,* n° 37, 2010, p. 2468 ; G. ROUJOU DE

Il y a bien sur des cas limites, qui ne constituent pas pour autant des exceptions à notre propos. Par exemple : doit être condamnée la personne qui, lorsque des chiens pénètrent dans un enclos où se trouvent des ânes, abat les chiens[1]. En effet, dans cette affaire, les gendarmes n'ont trouvé aucune trace d'attaque sur les ânes, aussi il n'y avait pas de danger imminent selon les juges, et donc pas de nécessité. Mais cela reste compatible avec le présent propos. En effet, si les chiens avaient effectivement attaqué les ânes, il y aurait eu nécessité, alors que la buse variable, qui attaque effectivement les lapins, ne peut être tuée en état de nécessité. De plus, pour l'affaire concernant les mouflons, il n'y avait pas eu d'attaque effective non plus. Cependant la nécessité avait bien été retenue. Il est vrai toutefois que dans cette dernière affaire, le prévenu avançait qu'une de ses bêtes était enceinte, et que d'après une expertise vétérinaire, un fort stress pouvait provoquer une fausse couche. Qu'ainsi, même en dehors d'une attaque effective (morsure) le péril était existant (fort stress). Mais le propos se déplace alors sur la question de droit qu'est le péril imminent, et non plus la question de l'appréciation du comportement des animaux par le juge.

Concernant les exceptions encore, il est à noter que la Cour d'appel de Chambéry a relaxé un berger ayant tué un loup (espèce protégée) qui était menaçant pour ses brebis[2]. Mais cet arrêt est cassé ultérieurement en raison d'une contradiction dans les motifs[3]. La Cour de cassation ne précise pas en quoi consiste

---

BOUBÉE, « Droit pénal », *Recueil Dalloz,* n° 41, 2010, p. 2732 ; L. NEYRET, « Mort de l'ourse Cannelle : une responsabilité sans culpabilité », *Environnement,* n° 1, Janvier 2011, comm. 2 ; M. VÉRON, « La mort de l'ourse "Cannelle" : y avait-il état de nécessité ? », *Droit pénal,* n° 9, Septembre 2010, comm. 89 ; C. BERLAUD, *Gazette du Palais,* 29 juillet 2010, n° 210, p. 25.

[1] Cass Crim. 26 février 2003, n° 02-81.736 ; A. MARON, « Droit pénal et procédure pénale », *La semaine juridique Édition Générale* n° 38, 17 Septembre 2003, doctr. 162 ; J-Y. MARÉCHAL, « Art. 521-1 à 522-2 – Fasc. 20 : Sévices graves ou actes de cruauté envers les animaux », *JurisClasseur Pénal Code*.

[2] Cour d'appel de Chambéry, chambre correctionnelle, 11 janvier 2007, Numéro JurisData : 2007-342148.

[3] Cass. Crim., 5 février 2008, n° 07-82.542.

la contradiction. La cour d'appel de renvoi[1] confirme cependant la relaxe en retenant que le loup était une bête fauve et que s'appliquait ainsi l'article L.427-9 du Code de l'environnement, autorisant tout propriétaire ou fermier de détruire, même avec une arme à feu, une telle bête. Pourtant, comme l'avait relevé la première cour d'appel, l'article L.427-9 du Code de l'environnement n'était pas applicable du fait de l'article R.427-27 du Code de l'environnement qui précise que les espèces non domestiques protégées ne sont pas concernées par cette autorisation de destruction. Il s'agit donc ici d'un réel cas particulier, d'autant que la Cour de cassation ne semble pas avoir tranché de manière convaincante cette question[2], ce qui interroge sur l'absence d'un nouveau pourvoi, mais nous sortons du cadre de notre étude.

---

1 Cour d'appel de Grenoble, chambre correctionnelle 1, 23 février 2009, Numéro JurisData : 2009-377043.

2 Voir M. Redon, -03 *Animaux : faune sauvage, op.cit.* ; l'auteur s'appuie sur un arrêt 16 mai 2006 (Cass. Crim., 16 mai 2006, n° 05-86.860, Numéro JurisData : 2006-034190) pour dire : « Ainsi, dans le cas de piégeage de chouettes hulottes qui appartiennent à une espèce protégée, il importe peu qu'elles soient tenues pour nuisibles par le propriétaire qui commet le délit de destruction d'une espèce protégée prévu par l'article L415-3 du code de l'environnement ». La Cour de cassation n'a effectivement pas retenu l'argument du pourvoi consistant à dire que les animaux détruits étaient des espèces nuisibles. Mais la manière de répondre qu'emploie la Cour, ne permet pas pour autant de déduire de manière univoque à la question de l'articulation entre les articles L415-3 et L427-9 du Code de l'environnement. En effet, la cour ne fait que dire que le prévenu avait qualifié de nuisible les animaux tués, sans dire si elle-même retient cette qualification. Si la Cour avait dit qu'effectivement, les chouettes en question étaient nuisibles, mais qu'elles ne sauraient être tuées pour autant puisque appartenant à une espèce protégée, la question eut été tranchée. Un arrêt comme celui du 12 octobre 1994 (Cass. Crim., 12 octobre 1994, n° 93-83.341) laisse penser qu'une espèce protégée peut être une bête fauve, car, si l'ours peut être considéré comme du gibier, afin que le préfet prenne des dispositions pour le protéger, dispositions fondant la répression de celui qui y contrevient (faisant de l'ours un « gibier protégé ») alors les dispositions concernant les bêtes fauves (liées à celles concernant le gibier) pourraient être applicables. Un arrêt de la Cour d'appel de Toulouse avait aussi admis un épervier (espèce protégée) comme étant une bête fauve (CA. Toulouse, 24 octobre 1994, Lespinasse, Revue Juridique de l'Environnement, D. Guihal, R. Léost, 1997, 1, p. 47-53). L'application de l'article R427-27 du Code de l'environnement laisse donc perplexe.

Ainsi, il s'observe que l'animal, lorsqu'il est protégé par le droit de l'environnement, lorsqu'il appartient à une espèce protégée, peut avoir un territoire qui s'impose à l'homme. C'est-à-dire que ce territoire occupé par l'animal est avant tout celui de l'animal, qu'y entrer expose à des risques, qu'ainsi pénétrer dans ce territoire en connaissance de cause est une faute préalable qui n'exonère pas de la responsabilité pénale. L'animal peut aussi avoir un instinct qui s'impose à l'homme. L'homme doit prévoir celui-ci, se prémunir contre lui, sans quoi il commet une imprudence qui empêche que soit retenu l'état de nécessité. L'animal peut bien être agressif, voir mettre mortellement en danger l'homme, cela n'efface pas l'infraction commise par l'homme pour peu qu'il n'ait pas su anticiper le danger. Ainsi, l'animal, lorsqu'il est protégé par le droit de l'environnement est un animal dans la nature. Son comportement naturel est un comportement normal dont l'homme doit tenir compte, anticiper, prévoir. Ce que fait cet animal est considéré comme naturel, donc normal, donc pouvant être anticipé. Ne pas l'anticiper est une faute.

Lorsqu'il est un animal dominé, c'est un animal hors la nature. Son comportement naturel, identique en fait à celui d'un animal non-dominé, comme la protection d'un territoire, l'agressivité, l'instinct de chasse, est anormal. Il doit se comporter comme l'animal dominé qu'il est. Dès lors, l'homme n'a pas à anticiper ce comportement, aussi il ne commet aucune faute préalable lorsqu'il ne s'est pas prémuni contre ce type de comportement[1].

---

[1] A titre d'exemple : qu'un chat ou un qu'un lion tue un oiseau, cela est un comportement *a priori* naturel dans les deux cas. En revanche, si l'oiseau appartient à quelqu'un, alors le propriétaire de l'oiseau pourra tuer impunément le chat qui l'agresse, mais pas le lion. *Pourquoi ?* Car pour apprécier la nécessité de tuer (et donc excuser ou non l'infraction), le juge va considérer qu'il faut anticiper le comportement du lion - qui sait si le propriétaire de l'oiseau n'aura pas commis l'imprudence de provoquer la convoitise du félin par sa pratique ornithophile ? -, car il aura à l'esprit une norme de référence pour le lion (animal non-dominé) qui est celle de l'animal *dans la nature* : c'est-à-dire que le comportement naturel du lion est considéré comme normal (donc prévisible). En revanche, le juge ne va pas considérer qu'il faut anticiper le

Pourtant, quoi de plus normal pour des lapins, même dominés, que de s'attaquer à des carottes ? Quoi de plus normal pour des chiens de chasse que de chasser des canards ?

Aussi, la qualification en animal dominé ou en espèce protégée va plus loin qu'un seul problème de qualification juridique vis-à-vis de l'infraction pénale. La distinction va plus loin, et s'immisce dans l'esprit du juge, dans l'effectivité de la norme.

B) Le Bonus canis familias

Comment rendre compte de ce dépassement de la qualification ? De cette différence d'appréciation entre animaux en fonction de la valeur protégée ? Les termes de la qualification suffisent, car au « dominé / non-dominé » correspond ce qui vient d'être dit. Mais ces termes, pour le moment renvoient spécifiquement à un problème de qualification, et non d'appréciation *in concreto* par le juge. C'est pourquoi il faut se servir d'une autre distinction qui prolonge la première. La distinction entre *animal dans la nature / animal hors la nature*.

Quelle est la nature de cette distinction ?

Il s'agirait d'une sorte de standard juridique, tel que les bonnes mœurs, l'actuel personne raisonnable ou l'ancien *bonus pater familias*. Une « sorte » seulement, car les standards juridiques sont des modèles abstraits de comportement normaux pour l'homme. Or c'est ici d'animaux dont il s'agit. Il ne faudrait donc pas se permettre de franchir une limite qui ne saurait l'être.

Les standards juridiques, leur contenu, ne sont pas des produits de la loi. La loi ne fait qu'y faire référence, au mieux.

---

comportement du chat, car il aura à l'esprit une autre norme de référence pour le chat (animal dominé) : l'animal *hors la nature* : c'est-à-dire que le comportement naturel du chat sera perçu comme anormal, qu'il n'y a donc pas de raison de se prémunir contre un tel comportement. C'est en raison de l'identité de ces comportements naturels mais de la différence de traitement par le juge qu'il faut faire intervenir une norme pour en rendre compte.

C'est la société, qui de manière immanente, produit un standard juridique ou en tout cas son contenu[1]. C'est le comportement considéré comme abstraitement normal dans une société. Ce modèle abstrait finit par devenir du droit positif par son renvoi par la loi ou son utilisation par le juge. Le standard juridique est en quelque sorte la scorie qu'un paradigme, qu'une civilisation, laisse dans le droit.

Mais l'animal n'est pas un standard juridique auquel renverrait la loi. C'est une catégorie pour qualifier des êtres réels. Mais la manière dont un juge doit apprécier le comportement d'un animal, dans le cadre de la caractérisation d'une infraction n'est pas non plus régit par la loi. Ce que la loi détermine ici, c'est la qualification, seulement la qualification.

Aussi, *bonus pater familias*[2] et animal ne peuvent trouver à se comparer en tant que notion juridique qu'à partir du moment où il est nécessaire au juge de déterminer ce qui est *normal* pour un animal, cela dans le cadre de l'application de la norme qui protège l'animal. Certes, juridiquement le juge n'a pas à déterminer ce qui est normal pour un animal, mais il le fait nécessairement – quoi qu'inconsciemment sans doute - lorsqu'il jauge de la nécessité de tuer l'animal[3]. Alors, derrière la catégorie qu'est l'animal, se dévoile, en fait, une norme de comportement, implicitement présente car contenue dans le paradigme actuel, dans la manière dominante de considérer l'animal dans la société d'aujourd'hui, et non dans la lettre de la loi.

Si cela est admis, alors il peut être dit qu'il existe deux standards comportementaux différents pour les animaux, deux

---

[1] Jean Carbonnier écrit, à propos des bonnes mœurs que : « c'est la morale coutumière, mais dans un domaine précis, celui des rapports sexuels. » Voir : J. CARBONNIER, *Droit et passion du droit sous la Vème République,* Éditions Flammarion, Paris, 1996, p. 115.

[2] Même si ce standard juridique n'est plus d'actualité, il reste la figure la plus illustre des standards juridiques, il fait donc bonne illustration.

[3] Schématiquement : considérer qu'il ne faut pas, pour un homme, pénétrer dans le territoire d'un ours, c'est considérer *a contrario* qu'il est « normal » pour un ours d'avoir un territoire (en plus que cela lui est naturel).

visions de l'animal, visions implicitement contenues dans les qualifications légales.

La vision de ce qui relève d'un comportement normal pour un animal varie selon que doit être appliqué le droit pénal commun ou le droit pénal de l'environnement et leurs qualifications afférentes – c'est-à-dire selon que l'animal est domestique, tenu en captivité ou apprivoisé, ou qu'il appartient à une espèce protégée (selon qu'il est dominé ou non-dominé).

La différence de qualification se prolonge dans l'effectivité de la norme, car c'est la qualification qui détermine le standard comportemental qui se retrouve ensuite dans l'esprit du juge, mais ce n'est pas la loi qui prévoit ce standard, ni son existence, ni son contenu. Ainsi le normal et l'anormal sont fondés sur un animal dans la nature en droit pénal de l'environnement, sur un animal hors la nature en droit pénal commun. Ce qui justifie le comportement infractionnel de destruction d'un animal varie d'un modèle de normalité à l'autre.

Le *normal* de l'animal dans la nature est son comportement naturel. A la manière de l'affaire sur la buse variable, l'animal y est vu comme libre, chasseur, instinctif. Le *normal* de l'animal hors la nature est un comportement dominé : c'est le *bonus canis familias*. L'animal y est vu comme docile, amical, voire raisonnable. Ce *modèle abstrait de normalité* est la référence du juge pour savoir si le prévenu aurait ou non dû prévoir le comportement de l'animal, pour savoir s'il y a eu ou non une faute préalable.

Pour résumer. L'animal reste un être réel que le droit pénal a à connaître. L'animal peut être qualifié de plusieurs manières, ce qui change la norme à appliquer. C'est la loi qui prévoit quels sont les différentes qualifications pour l'animal. Mais l'animal, une fois qu'il a reçu sa qualification ne sera, en lui-même et pour lui-même, pas apprécié de la même manière. Le comportement de l'animal sera apprécié, par le biais de l'état de nécessité, à partir d'un modèle abstrait de comportement qui est considéré comme normal pour lui. L'animal dominé, protégé par le droit pénal commun a pour modèle abstrait de comportement normal :

l'animal hors la nature. L'animal appartenant à une espèce protégée, protégé par le droit pénal de l'environnement, a pour modèle abstrait de comportement normal : *l'animal dans la nature*. L'idée de *bonus canis familias* permet de réduire la distinction à un seul terme puisqu'un des termes est le négatif de l'autre.

Le *bonus canis familias* ne sert ainsi qu'à prolonger la distinction préalable du *dominé / non-dominé*, sans l'effacer. Elle précise son contenu dans le champ de l'effectivité, au-delà du seul champ de la qualification. C'est pour cette raison que la distinction *dominé / non-dominé* contient l'idée même du *bonus canis familias*. Le dominé et le *bonus canis familias* sont profondément liés au niveau paradigmatique même. Il peut donc bien être dit que l'animal dominé, en plus d'être une qualification juridique, est un modèle abstrait de comportement servant de référence de normalité au comportement animal pour le juge pénal (et c'est précisément ce que signifie *bonus canis familias*). Pour l'animal non-dominé, ce n'est précisément pas le *bonus canis familias* qui sert de modèle de référence. Son comportement naturel est directement conçu comme normal.

Autrement dit, une fois le constat fait du prolongement de la distinction *dominé / non-dominé* dans le champ de l'effectivité de la norme, la distinction seconde *dans la nature / hors la nature* peut bien s'évanouir dans la première. Cela revient à considérer que *dominé* et *non-dominé* sont chacune des qualifications qui impliquent l'application d'un standard juridique différent. Mais cela est une affaire purement didactique.

Il se remarque que l'animal dans la nature, qui n'a pas le *bonus canis familias* pour modèle abstrait de normalité en référence, bénéficie pour lui-même d'une protection accrue, puisque son comportement naturel est plus facilement perçu comme normal, et met donc plus facilement en échec l'état de nécessité. Le standard qui s'applique en droit pénal a donc une implication sur la répression et joue à ce titre une fonction juridique.

Sous l'angle civil, la même réflexion pourrait être menée, mais cela dépasse notre propre étude. Quoi qu'il en soit, comme cela a pu se constater dans les affaires prises comme point de comparaison, souvent un animal s'échappe. Il y a donc un défaut de garde de la part du propriétaire de l'animal. Dès lors, c'est éventuellement la faute de victime (laisser s'échapper son animal) qui permettrait d'exonérer en partie l'auteur du dommage (avoir tué ledit animal) de sa responsabilité. Dans ce cadre, c'est directement au comportement d'un être humain qu'il est possible de faire référence, inutile de prendre en considération le comportement de l'animal lui-même.

En revanche, sous un autre angle de réflexion, celui de la responsabilité du fait des animaux, il existe la question du rôle actif de l'animal dans le dommage qui permet de faire rentrer le comportement de l'animal dans le champ d'analyse du juge. Un arrêt de la deuxième chambre civile de la cour de cassation du 17 janvier 2019[1] parle expressément d'un « comportement anormal » à propos de chien. Des chiens avaient, par leur comportement, effrayé des chevaux, causant un dommage. Le commentateur de l'arrêt, Vincent Rebeyrol, écrit la chose suivante : « Sans être expert averti en psychologie canine, on peut en effet raisonnablement penser que les deux molosses se sont, en l'espèce comportés comme tout chien "*lambda*" (des chiens "*bon père de famille*", en quelque sorte, même si l'expression est désormais bannie de notre vocabulaire juridique). »[2] Au contraire de ce qui est dit ici, le *bonus canis familias* n'est précisément pas le chien « lambda », mais le chien « dominé lambda ». Le bon chien de famille ne va ni égorger des agneaux, ni faire peur à des chevaux. Ce qui est « lambda » n'est pas l'idée intuitive du comportement naturel d'un chien[3], mais

---

[1] Cass. Civ. 2., 17 janvier 2019, n° 17-28.861 ; D. 2019. 126 ; RTD civ. 2019. 351, obs. Jourdain ; JCP 2019, n° 271, note Rebeyrol.

[2] V. REBEYROL, *Précisions en matière de responsabilité du fait des animaux*, La Semaine Juridique Édition Générale, n° 11, 18 mars 2019, 271.

[3] Vincent Rebeyrol de rajouter : « N'importe quel chien n'a-t-il pas pour comportement commun de courir en direction des autres animaux qui apparaissent dans son champ de vision ? En quoi ce comportement est-il inhabituel lorsque, comme en l'espèce, il ne s'accompagne d'aucune

l'idée intuitive du comportement qu'aurait un chien au moins correctement dressé.

Pour aller plus loin : ayant réduit au maximum du possible le champ de comparaison pour développer l'hypothèse du *bonus canis familias*, il pourrait maintenant être procédé à une comparaison plus large, qui tiendrait notamment compte des pans du droit laissés de côté. Il pourrait ainsi être recherché si la distinction entre le dominé et le non-dominé va encore plus loin que ce cadre méthodologique ne permet de le dire, si elle influence d'autres applications de la règle de droit.

Enfin, les standards juridiques sont, pour une bonne part, identifiés dans le droit. Mais d'autres ne sont-ils pas présents dans le droit de manière involontaire ? De manière occulte ? Une civilisation, une société, au-delà des lois qu'elle produit, laisse nécessairement dans son droit des traces. C'est-à-dire des éléments de droit qui, à l'instar des coutumes, ne sont pas pensés par le législateur, qui ne résultent de la volonté d'aucun acteur en particulier. Ces éléments découlent d'idées fondamentales, d'idées qui conditionnent la pensée, d'idées qui plient sous elles toutes réflexions - des idées qui seraient donc à identifier. Si cela est vrai, alors le *bonus canis familias* est le produit du paradigme cartésien sur la nature elle-même. Il est implicitement contenu derrière la qualification juridique de l'animal et il soumet le juge à sa logique ce qui explique la différence qui s'observe dans la répression entre le droit pénal de l'environnement et le droit pénal commun.

---

agressivité ? Qu'un tel comportement, ajouté à l'effet de surprise, ait affolé les chevaux est une chose ; mais qu'il puisse être qualifié "d'anormal" en est une autre : si les mots ont un sens, il n'est guère satisfaisant d'appeler "anormal" un comportement qui est parfaitement… normal. » A cela nous répondons que, au moins pour le droit pénal, le comportement considéré comme *normal* de l'animal dominé n'est pas son comportement *naturel,* il est le comportement que devrait avoir le « bon chien de famille ». Un comportement très largement anti-naturel sous plusieurs aspects.

BIBLIOGRAPHIE

OUVRAGES CITÉS

- J. CARBONNIER, *Droit et passion du droit sous la Ve République,* Éditions Flammarion, Paris, 1996, 276 pages.

- R. DESCARTES, *Discours de la méthode,* J'ai Lu, Paris, 2015, 80 pages.

- L. FERRY, Le nouvel ordre écologique – l'arbre, l'animal et l'homme, Grasset, Paris, 1992, 220 pages.

- H. KELSEN, *Théorie générale des normes,* PUF, Paris, 1996, 619 pages.

- H. KELSEN, *Théorie pure du droit,* L.G.D.J., Paris, 1999, 376 pages.

- R. MERLE et A. VITU, *Traité de droit criminel – Droit pénal spécial par André Vitu,* Tome 1, Éditions Cujas, Paris, 1982, 1350 pages.

- E. MORIN, *La méthode,* Éditions du Seuil, Paris, 2008, 2512 pages.

ARTICLES CITÉS

- C. BERLAUD, Gazette du Palais, 29 juillet 2010, n° 210, p. 25.

- D. DE BÉCHILLON, La transdisciplinarité : méthode pour une anthropologie fondamentale, Transdisciplines, Revue d'épistémologie critique et d'anthropologie fondamentale, 1996, p. 1.

- J-Y. MARÉCHAL, « Animal dans le Code pénal », Synthèse, Jurisclasseur Pénal Code

- J-Y. MARÉCHAL, « Art. 521-1 à 522-2 – Fasc. 20 : Sévices graves ou actes de cruauté envers les animaux », JurisClasseur Pénal Code.

- A. MARON, « Droit pénal et procédure pénale », La semaine juridique Édition Générale n° 38, 17 Septembre 2003, doctr. 162

- L. NEYRET, « Mort de l'ourse Cannelle : une responsabilité sans culpabilité », Environnement, n° 1, Janvier 2011, comm. 2

- M. REDON, Animaux, Répertoire de droit pénal et de procédure pénale, Février 2016.

- V. REBEYROL, Précisions en matière de responsabilité du fait des animaux, La Semaine Juridique Édition Générale, n° 11, 18 mars 2019, 271.

- G. ROUJOU DE BOUBÉE, « Droit pénal », Recueil Dalloz, n° 41, 2010, p. 2732

- G. ROUJOU DE BOUBÉE, « Droit pénal », Recueil Dalloz, n° 41, 2011, p. 2823

- F. G. TRÉBULLE, « Droit de l'environnement », Recueil Dalloz, n° 37, 2010, p. 2468

- M. VÉRON, « La mort de l'ourse "Cannelle" : y avait-il état de nécessité ? », Droit pénal, n° 9, Septembre 2010, comm. 89

- M. VÉRON, « La nécessité de tuer un chien pour protéger un autre chien », Droit pénal, n° 6, Juin 2011, comm. 75

- M. VÉRON, « Destruction volontaire d'un animal domestique », Droit pénal n° 7-8, Juillet 2011, comm. 92.

JURISPRUDENCES CITÉES

Cour de cassation :

- Cass. Crim., 11 octobre 1978, D. 1979. IR. p. 101.

- Cass. 2ème Civ., 28 janvier 1987, n° 85-17.486.

- Cass. Crim., 7 novembre 1988, n° 87-91.321.

- Cass. Crim., 13 mai 1992, n° 91-83.204.

- Cass. Crim., 12 octobre 1994, n° 93-83.341, Bull. crim. 1994, n° 329, p. 802.

- Cass. Crim., 26 février 2003, n° 02-81.736.

- Cass. Crim., 22 février 2005, n° 04-85.094, Bull. crim. 2005, n° 69, p. 247.

- Cass. Crim., 16 mai 2006, n° 05-86.860, Numéro JurisData : 2006-034190.

- Cass. Crim., 5 février 2008, n° 07-82.542.

- Cass. Crim., 13 janvier 2009, n° 08-83.608.

- Cass. Crim., 1er juin 2010, n° 09-87.159, Bull. crim. 2010, n° 96.

- Cass. Crim., 8 mars 2011, n° 10-82.078.

- Cass. Crim., 5 avril 2011, n° 10-87.114.

- Cass. Crim., 23 octobre 2012, n° 12-80.414.

- Cass. Crim., 4 juin 2013, n° 12-85.272.

- Cass. Crim., 28 juin 2016, n° 15-84.799.

- Cass. 2ème Civ., 17 janvier 2019, n° 17-28.861, Bull. civ., 2019, n° 1, p. 38.

Cour d'appel :

- CA, Parus, Chambre 13 section B, 10 mai 1989, Numéro JurisData : 1989-024854.

- CA, Toulouse, 24 octobre 1994, Lespinasse, Revue Juridique de l'Environnement, D. GUIHAL et R. LEOST, 1997, 1, P. 47.

- CA, Grenoble, 22 octobre 1999, Droit pénal, 2000, n° 12, comm. 136, obs. M. VERON.

- CA, Chambéry, 11 janvier 2007, Numéro JrusiData : 2007-342148.

- CA, Grenoble, 23 février 2009, Numéro JurisData : 2009-377043.

Tribunal correctionnel :

- T. Corr. Riom, 22 juin 1966, D. 1966. 514.

- T. Corr. Pau, 9 mars 1966, D. 1967. Somm. 34.

- T. Corr. Nice, 24 novembre 2003, *Pogunkte,* n° 3876/03.

La personnalité juridique de l'animal : retour sur des discours doctrinaux

Par Laurent DUFAUR-DESSUS

Docteur en droit privé et sciences criminelles, UMR 6031 TREE, Université de Pau et des Pays de l'Adour

Le contexte du débat autour d'une extension de la reconnaissance de la personnalité juridique ne souhaite pas faire renaître les procès d'animaux que le Moyen Âge occidental a pu vivre[1]. Il ne s'agit donc pas de faire naître des obligations à l'encontre des êtres vivants non humains. Il est plus précisément question de savoir comment mieux protéger les intérêts de cette partie du vivant, dans une période où, collectivement, l'angoisse de la société dans un contexte environnemental dégradé est croissante. Une partie de la doctrine s'interroge ainsi pour savoir s'il ne serait pas utile, pour mieux protéger les intérêts juridiques des animaux, de leur reconnaître la personnalité juridique.

L'expression utilisée de personnalité juridique exprime une reconnaissance que le droit attribue aux entités ou aux individus pour pouvoir être titulaire actif ou passif de droit. Lorsque le système leur reconnaît la personnalité juridique, on dit qu'il s'agit d'un sujet de droit, ou d'un terme équivalent, d'une personne juridique. Ces entités ainsi qualifiées de personne juridique peuvent agir sur le terrain du droit pour défendre leurs intérêts juridiques. Elles deviennent ainsi des acteurs du droit.

La personnalité juridique n'est pas une catégorie. En revanche, la catégorisation entre sujet et objet, entre personne et

[1] J.-M. Monet, « Les procès d'animaux », *Cahiers de philosophie juridique et politique*, n° 22, 1992, p. 205.

chose, passe nécessairement par cette reconnaissance préalable. On comprend dès lors le caractère central de la personnalité juridique quand on sait a fortiori l'importance du sujet de droit dans l'architecture du système juridique. Ce caractère d'importance l'amène à être comparé dans cet édifice à la clé de voûte[1].

Le professeur Libchaber a démontré que le droit est avant tout un discours[2]. La reconnaissance de la personnalité juridique s'opère par le droit en fonction des buts poursuivis. Or, à l'étude, on se rend compte que le discours du système juridique n'est pas univoque. Il y a principalement deux discours poursuivant chacun une finalité. Un discours souhaite organiser la société de manière logique et rationnelle, l'autre souhaite plus précisément hiérarchiser des valeurs au sein du groupe social. Il en résulte que la personnalité juridique, puisqu'elle se fonde sur ce discours du droit, n'est pas elle non plus monolithique en ce qui la fonde.

Le débat favorable à la personnification des animaux, est, lui, également inscrit dans ce contexte discursif. En effet, il existe au sein de ce débat doctrinal deux principales théories. Chacune est construite sur l'un des deux types de discours du droit. Celle qui se fonde sur une volonté rationnelle et logique est porteuse d'une proposition de personnalité technique pour l'animal ; la théorie qui, à l'inverse, se fonde sur le discours qui souhaite hiérarchiser des valeurs porte proposition de personnalité juridique qui promeut une identité de nature avec l'être humain pour les animaux. C'est ce que nous voudrions aborder dans une première étape intitulée « L'opposition doctrinale concernant la personnification des animaux » (I).

Pour arriver à une meilleure protection des intérêts juridiques des animaux, but affiché de ces différentes théories, il faut selon nous sortir des oppositions dogmatiques que le fonctionnement

---

[1] A. Paynot-Rouvillois, « Sujet de droit », in *Dictionnaire de la culture juridique,* PUF, Lamy, 2003.

[2] R. Libchaber, *L'ordre juridique et le discours du droit : essai sur les limites de la connaissance du droit*, Paris, Lextenso, 2013.

du système juridique installe dans la pensée des juristes. En effet, la biodiversité, qui traduit l'incroyable foisonnement de la nature, ne se prête que difficilement aux classifications juridiques traditionnelles.

Pour mieux protéger les intérêts juridiques du vivant non humain, il faut parvenir à prendre en compte au sein du droit cette irréductible diversité. Pour ce faire, il est nécessaire de changer le système de représentation des juristes. Cela pour parvenir à traduire cette commune dépendance entre l'homme et son environnement. C'est ce que nous tenterons de démontrer dans une seconde étape intitulée « Le dépassement des oppositions par la conversion symbiotique du droit » (II).

I. L'opposition doctrinale concernant la personnification des animaux

Il y a, pour une première proposition, la volonté de voir reconnaître une personnalité juridique technique pour l'animal. Cette théorie prend appui sur un premier type de discours qui organise au sein du système juridique des oppositions rationnelles et logiques entre personne et chose (A).

Il y a ensuite, pour un autre courant doctrinal, la volonté de voir reconnaître une personnalité juridique que nous qualifierons d'« anthropomorphique ». À l'inverse de la précédente théorie, celle-ci regarde toute distinction faite en faveur des humains, comme un racisme d'espèce à l'égard des animaux. C'est pour cela que nous la qualifions d'anthropomorphique. Cette théorie prend appui sur un autre type de discours du droit qui est dit performatif, car il souhaite hiérarchiser des valeurs dans la société (B).

A/ Un discours organisationnel source de la personnalité technique

Un courant doctrinal[1] s'appuie sur un discours organisationnel fondé sur la logique et la rationalité pour faire reconnaître une personnalité juridique technique aux animaux afin de mieux les protéger et résoudre certaines incohérences du système juridique.

Ce courant favorable à la personnification juridique de l'animal construit une théorie (2) sur ce type de discours du droit qui souhaite organiser la société de manière logique et rationnelle (1).

1/ Un discours organisationnel

Le droit, sous cette influence logique[2], se structure par une opposition dogmatique entre personne et chose. Mais lorsqu'il devient nécessaire de justifier ce qui permet au droit de désigner telle ou telle entité de chose ou de personne, l'argumentaire devient difficile. Alors les critères nécessaires à la reconnaissance de la personnalité juridique évoluent en doctrine. C'est ce que nous souhaiterions aborder par l'intermédiaire d'un (a) concernant l'opposition personne/chose, puis d'un (b) concernant l'évolution des critères en doctrine.

a/ Opposition rationnelle personne/chose

Le doyen Cornu parlait des personnes et des choses comme des deux colonnes jumelles du droit[3]. Il indiquait que les deux sont dans un premier temps séparées, puis inévitablement rapprochées, par l'intermédiaire du droit de propriété. Le Code

---

[1] Le représentant de ce courant doctrinal le plus marquant est le professeur J.-P. Marguénaud. J.-P. Marguénaud, *L'animal en droit privé*, thèse, Université de Limoges, 1987.

[2] H. Kelsen, « Qu'est-ce que la théorie pure du droit ? », *Droit et société,* 1992, n° 22, p. 551.

[3] G. Cornu, *Droit civil, Introduction - Les personnes - Les biens,* Domat-Montchrestien, 7e édition, 1994, p. 297.

civil est à cette époque, comme a pu le démontrer le professeur Zénati, entièrement structuré par le droit de propriété[1]. Cette distinction première entre personne et chose façonne depuis lors et jusqu'à aujourd'hui la manière de penser des juristes[2].

b/ La volonté et l'intérêt critères du sujet de droit

Lorsque le droit discerne les personnes et les choses, par l'intermédiaire de l'attribution de la personnalité juridique, se pose la question de savoir comment légitimer cette distinction et donc cette attribution. La doctrine avance dès lors le critère de la volonté, portée qu'elle est par son point de vue rationaliste[3]. Mais les effets pervers de cette théorie sur le plan juridique apparaissent vite. Les muets ne peuvent faire entendre leur volonté. Les enfants sont tout de même des personnes, alors même que leur volonté est inefficace. Les groupements, les déments sont autant de contradictions à cette théorie volontariste. Les notions de capacité d'exercice et capacité de jouissance apparaissent[4]. Puis la doctrine opère un autre saut conceptuel.

Le critère de l'intérêt est avancé. Les enfants, les déments ont un intérêt juridique à voir protégé leur droit. Le but n'est pas de nier le rôle de la volonté, mais de nuancer et d'amoindrir les inconvénients des excès de la théorie précédente[5].

---

[1] F. Zénati-Castaing, « La propriété, mécanisme fondamental du droit », *RTD Civ.*, 2006, p. 445.

[2] C. Aubry, C. Rau, *Cours de droit civil français d'après la méthode de Zachariae,* Librairie de la Cour de cassation (5e édition), 1917.

[3] M. Salhab, *La notion de sujet de droit, essai sur l'homme juridique*, Thèse, Université Jean-Moulin Lyon 3, 1991.

[4] I. Maria, *Les Incapacités de jouissance, étude critique d'une catégorie doctrinale,* Paris, Lextenso, coll. Doctorat et notariat, tome 44, 2010.

[5] R. Jhering (von), *L'Évolution du droit,* Librairie A. Marescq, 1901.

2/ Une personnalité juridique technique

Dès le début du vingtième siècle, des juristes comme René Demogue[1] ont indiqué que l'animal pouvait être titulaire d'un intérêt juridiquement protégé. Aujourd'hui, la logique du système juridique apparaît atteinte lorsque l'on constate le positionnement hybride qu'il occupe entre les choses et les personnes (a). Certains juristes partent de ce constat pour proposer une personnalité juridique dédiée aux animaux (b).

a/ Le constat du positionnement hybride des animaux

Les animaux aujourd'hui ne peuvent plus être considérés comme des choses en droit[2]. En effet, ils sont protégés pour eux-mêmes. Il y a désormais, à côté des choses et des personnes, un élément hybride que le droit a du mal à catégoriser. L'animal est tout à la fois régi par le droit des choses et titulaire de droits pour lui-même.

b/ La proposition d'une personnalité technique

Considérant ce constat d'un positionnement hybride, un courant doctrinal souhaite faire progresser la rationalité du droit en remédiant à cette incohérence. La proposition d'une personnalité juridique technique permet d'élever les intérêts juridiques animaliers au grade de droits subjectifs. L'administration de ces derniers serait attribuée à une association[3]. La volonté serait celle de la personne morale associative et l'intérêt à défendre celui de l'animal[4]. Le but de ce

---

[1] R. Demogue, « La notion de sujet de droit, caractères et conséquences », *RTD Civ.,* 1909, p. 612.

[2] P.-J. Delage, « L'animal, la chose juridique et la chose pure », *Recueil Dalloz,* 2014, p. 1097.

[3] En pratique, le rôle des associations dans la défense des intérêts écologiques est déjà fondamental. Pour preuve la reconnaissance par la Cour de cassation du préjudice écologique dans sa décision concernant « la marée noire » de l'*Erika,* où de nombreuses associations étaient partie civile.

[4] J.-P. Marguénaud, « La personnalité juridique des animaux », *Recueil Dalloz,* 1998, p. 205. *L'animal en droit privé.* Thèse, Université de Limoges, 1987.

courant doctrinal est de mieux défendre les intérêts des animaux, résoudre les incohérences logiques du système, sans pour autant établir un traitement similaire entre animaux et humains.

B/ Un discours performatif source de la personnalité « antropomorphique »

À partir de la Seconde Guerre mondiale, le discours juridique proclame, déclare, affirme des valeurs et des principes (1). En s'appuyant sur ce discours performatif du droit, une partie de la doctrine souhaite voir reconnaître la personnalité juridique aux animaux (2). Ici, la personnalité juridique qui est souhaitée est identique à celle offerte par le droit aux humains.

1/ Un discours performatif

La caractéristique du discours performatif est de dire ce qui doit être[1]. Il a une volonté de faire advenir dans le réel ce qu'il dit[2]. Il est question ici de hiérarchiser des valeurs dans la société. Ce type de langage se manifeste dans les déclarations en faveur des droits humains (a) et en faveur aussi des droits environnementaux et animaliers (b).

a/ La valorisation de la personne humaine

La froide et rationnelle logique de l'État national-socialiste allemand a fait prendre conscience aux juristes du siècle dernier que la logique seule ne suffisait pas au droit. Dès la fin de la Seconde Guerre mondiale, les pays occidentaux affirment la dignité de l'être humain, puis corrélativement le respect qui lui est dû. Par la suite, ces déclarations internationales seront prolongées par des mécanismes juridiques contraignants pour garantir leur effectivité. Ce processus sera accentué à la suite de

---

[1] La déclaration qui exprime l'égale dignité de tous les êtres humains, par exemple, réalise un énoncé performatif, en voulant agir sur le réel tout en créant du droit.

[2] J.-L. Austin, *Quand dire, c'est faire*, trad. G. Lane, Seuil Coll. essai, première édition, 1970.

la prise de conscience du risque bioéthique encouru par l'humanité[1].

b/ La valorisation des intérêts environnementaux

La Seconde Guerre mondiale trouve son aboutissement dans deux funestes explosions nucléaires qui font prendre conscience à l'humanité qu'elle peut désormais disparaître par ses propres œuvres. Cet évènement est, pour la société moderne, le point de départ d'une prise de conscience environnementale. Par la suite, cette prise de conscience s'accompagne d'une argumentation scientifique des conséquences sur la nature de l'activité humaine.

Cela se concrétise, dans le cadre juridique, par des déclarations à l'échelle nationale et internationale, qui ont pour objectif de réévaluer à la hausse la valeur accordée dans le droit à l'environnement et aux animaux[2]. La plus marquante en France est la charte de l'environnement qui intègre le bloc de constitutionnalité. Elle affirme l'impact sur l'environnement de l'activité humaine et, de ce fait, la responsabilité de l'homme sur l'évolution de la nature. Ce texte exprime une volonté claire de changer le paradigme sur lequel se sont fondées nos sociétés. Ce faisant, la charte affirme des devoirs pour changer les rapports de l'homme et de la nature.

2/ La personnalité juridique « anthropomorphique »

Comme la théorie que nous avons abordée précédemment, cet autre courant doctrinal part d'un constat pour établir une proposition. Le constat de l'impossibilité de déterminer un critère de l'humain en droit (a), pour proposer d'élargir les droits de l'homme aux animaux (b). C'est parce que cette théorie souhaite affirmer une identité de nature et de traitement entre humain et

---

[1] F. Abikhzer, *La notion juridique d'humanité*, Presses universitaires d'Aix-Marseille, 2005.

[2] R. Babadji, « L'animal et le droit, à propos de la déclaration universelle des droits de l'animal », *Revue juridique de l'environnement*, 1999, n° 1, p. 9.

animaux que nous proposons de qualifier cette personnalité juridique d'anthropomorphique.

a/ Le constat de l'impossible critère de l'humain

L'affirmation de la dignité de l'homme exprime son irréductible différence en comparaison aux autres éléments de la nature sur la terre. Or, lorsque, cherchant à dépasser cette affirmation, on s'interroge sur ce qui la légitime, la recherche d'un critère apparaît difficile. On ne peut, ni en droit ni en philosophie, donner l'élément distinctif de ce qui fait l'humain[1].

Nous sommes frappés par les travaux de l'éthologie moderne. Cette science qui met en avant les spécificités des animaux ne cesse de remettre en cause ce que l'on pensait être les spécificités humaines[2].

b/ La proposition d'élargissement des droits de l'homme

L'Anglais Darwin a montré, dans ses travaux scientifiques, que le phénomène de l'adaptation était ce qui différenciait les espèces animales entre elles. Les travaux sur les gènes ont confirmé ce premier pas décisif. Dès lors, sous ce rapport, l'humain n'est qu'une autre espèce animale. Au regard de ces découvertes scientifiques, et partant du principe que rien ne justifie sur le plan juridique la distinction qui est faite au profit de l'humain, un courant doctrinal souhaite voir attribuer la personnalité juridique et donc la qualification de sujet de droit aux animaux[3]. Les tenants de cette doctrine contestent la hiérarchisation des valeurs actuelles, qui attribue les droits de l'homme aux seuls humains. Ils souhaitent voir attribuer des droits de l'homme aux grands singes[4], selon l'argument qu'ils

---

[1] J.-F. Niort, « L'embryon et le droit, un statut impossible ? », *RRJ*, 1998, p. 460, et J.-C Carrière, *La Controverse de Valladolid*, Paris, Presses pocket, 1993.

[2] Y. Christen, *L'animal est-il une personne ?,* Paris, Flammarion, 2011.

[3] P. Singer , *La Libération animale*, Paris, Payot et Rivages, 2012.

[4] P. Cavalieri, « Les droits de l'homme pour les grands singes non humains ? », *Le Débat,* 2000, n° 108, p. 156.

sont parmi les animaux les plus proches génétiquement des humains. Par la suite, le projet est d'élargir cette première brèche au profit d'autres animaux. Affirmant qu'il y a entre eux et nous une identité de nature, les tenants de cette théorie analysent cette distinction juridique présente, faite au seul profit des humains, comme un racisme d'espèce[1].

Le constat scientifique qui s'impose ces dernières années est celui d'une vision symbiotique du monde. Selon cette représentation, les intérêts environnementaux, humains et animaliers sont conjoints. Pour conceptualiser une représentation symbiotique, il faut parvenir à s'extraire des habitudes de pensée des juristes. La redéfinition du substratum de la personnalité juridique est opportune dans cet objectif.

II. Le dépassement des oppositions par la conversion symbiotique du droit

Il est nécessaire de s'extraire des oppositions théoriques classiques pour embrasser cet ensemble du vivant (A). Pour mieux protéger les intérêts juridiques des animaux, et tenir compte des nécessités pratiques du système, une éventualité est la redéfinition de notion de substratum[2] de la personnalité juridique (B).

A/ La catégorisation source d'opposition

Chaque théorie possède des inconvénients, la personnalité juridique anthropomorphique engendre un conflit d'identité (1) lorsque la personnalité juridique technique envisage une réorganisation de la propriété de l'animal (2).

---

[1] S. Arsac, « Sur le projet grands singes, l'égalité au-delà de l'humanité », *Les Cahiers antispécistes*, n° 23, décembre 2003, www.cahiers-antispecistes.org

[2] Dictionnaire Littré : « Terme philosophique. Ce qui existe dans les êtres indépendamment de leurs qualités et ce qui sert de support à celles-ci. »

1/ Le conflit d'identité de la proposition anthropomorphique

Cette théorie doit être vue comme un décentrement du système juridique (a). En outre, donner des droits aux animaux n'empêche aucunement la nécessité d'un humain pour les faire valoir en justice (b).

a/ Le décentrement du système

Historiquement et nécessairement, le droit reste un langage de l'homme sur l'homme. Il se place de ce fait au centre de ce système de pensée. En admettant que l'on donne des droits de l'homme aux animaux, cela engage un décentrement. C'est convenir que l'homme, dans le langage de valeur qu'est le droit, ne tient plus la première place, ou a minima accepte de la partager. En toute hypothèse, cela reste un langage de l'homme sur l'animal. Or cette réévaluation de la place de l'humain dans le droit serait un renoncement aux acquis de la Révolution française et de la Seconde Guerre mondiale, qui ont toutes deux souhaité placer la dignité de l'humain au sommet de la hiérarchie des valeurs[1].

b/ La nécessité d'un administrateur pour les droits

L'homme ne peut sortir de l'expérience qu'il fait du monde. Le droit est le langage qu'il adopte pour lui donner un sens. Cela est avant tout un langage avec une finalité pratique. De ce fait, il sera nécessaire que soit désigné un administrateur pour le droit accordé aux animaux. Ils seront toujours dans la nécessité d'avoir un tiers. Ce représentant sera toujours un humain. Les animaux seront toujours subordonnés aux intérêts humains dans le droit

---

[1] M.-A. Hermitte, « Les droits de l'homme pour les humains, les droits du singe pour les grands singes », revue *Le Débat*, 2000/1, n° 108, Éditions Gallimard, p. 169.

accordé, la valeur reconnue à celui-ci et la défense de leurs intérêts.

2/ Le conflit de propriété né de la proposition technique

En souhaitant donner une personnalité technique aux animaux, la modification semble utile sur le plan théorique, mais ne change pas la protection concrète accordée sur le plan pratique aux animaux (a). D'autre part, en donnant une personnalité technique à une zone géographique, pour prendre en charge tout un écosystème, comme cela est avancé par les tenants de cette théorie, cela pose question sur le point de vue de la souveraineté de ce territoire[1] (b).

a/ Statu quo de la protection des intérêts animaliers

Les animaux ne seraient pas considérés dans cette théorie comme des égaux des personnes physiques. Mais ils ne seraient plus considérés comme des choses. Leurs intérêts juridiques seraient pris en charge par la volonté efficace des associations de protection animale. En revanche, la protection offerte aux animaux ne serait pas fondamentalement différente de ce qu'elle est aujourd'hui. Les associations environnementales ont un intérêt à agir déjà très largement entendu. Il est tel que certains parlent à leur propos de procureur environnemental[2].

b/ L'éventuel conflit de souveraineté

La personnalité juridique technique à une zone géographique répond à une difficulté pratique. Il est difficile d'établir une classification précise des animaux pouvant prétendre à l'attribution de la personnalité juridique. En effet, doter les oiseaux de la personnalité juridique dans le but de mieux

---

[1] « Le territoire est le patrimoine commun de la nation », C. de l'urbanisme, art. 1 101-1.

[2] B. Parance, « Action en justice des associations de protection de l'environnement, infraction environnementale et préjudice moral », *Recueil Dalloz*, 2011, p. 2635.

défendre leurs intérêts ne sert à rien si les insectes qui sont leur nourriture n'existent plus, ou si l'eau qu'ils sont amenés à boire est polluée.

L'éventuelle personnalité technique à une zone géographique permet de s'extraire de ces difficultés de catégorisation. Elle permet d'attribuer la personnalité juridique à l'ensemble de la biodiversité d'une zone. Or le territoire est régi par la souveraineté étatique. Dès lors, il existe un risque de conflit entre souveraineté du territoire et personnalité juridique, puisque les deux ont pour fondation la même zone géographique[1].

B/ Le substratum de la personnalité juridique source de l'indispensable conversion symbiotique

Il convient de modifier la représentation ancienne du substratum, notamment au regard des évolutions des règles environnementales modernes. Cela peut être à notre avis de nature à mieux traduire l'esprit des règles relatives aux intérêts des animaux (1). D'autant plus que cela ne change pas l'ordonnancement du système juridique et respecte les nécessités pratiques de la discipline (2).

1/ L'intégration de la nature au sein du substratum

Intégrer une part de l'environnement dans le substratum de la personnalité juridique (a) permet de s'extraire des difficultés qui résident dans l'impossible catégorisation de la biodiversité (b).

---

1 D. Landivar, E. Ramillien, « Savoirs autochtones, "nature-sujet" et gouvernance environnementale : une analyse des reconfigurations du droit et de la politique en Bolivie et en Équateur », *Autrepart*, 2017/1, n° 81, p. 135-158.

a/ Du corps à l'environnement indisponible

Le corps humain, autrefois, était dit indisponible, car il faisait partie intégrante de la personnalité juridique. C'était ce que l'on appelait son substratum. Le sujet de droit ne peut pas avoir une action à l'encontre de son substratum. C'est comme penser un couteau se coupant lui-même ou une main se saisissant elle-même que d'envisager de la part d'une personne une action juridique sur son substratum. L'évolution de la science a contraint le droit à faire évoluer sa conception du corps. Le corps n'est plus explicitement indisponible. Il est désormais dit non patrimonial[1]. Dans le système de pensée des juristes, c'est à la fois une chose et la personne.

L'évolution des règles qui concernent l'environnement et les animaux permet de penser qu'ils font partie du substratum de la personnalité juridique. Désormais, au même titre que le corps humain, une part de l'environnement est indisponible aux actions du sujet. C'est ce qui caractérise son intégration au sein du substratum de la personnalité juridique et commande une modification de la représentation de ce dernier de la part des juristes.

b/ Une pensée symbiotique non catégorisante

Admettre l'environnement au sein du substratum de la personnalité juridique, c'est admettre qu'une part de l'environnement n'est plus disponible. C'est admettre que nous dépendons collectivement de lui. C'est aussi dire qu'il dépend désormais de nous. Cela a pour avantage d'éviter d'avoir à classer avec précision les éléments de la biodiversité à qui attribuer la personnalité juridique. À l'image du corps plus vraiment indisponible, mais toujours substratum, l'environnement est dans cet entre-deux. Cela permet aussi une meilleure protection des intérêts juridiques des animaux. En effet, cela peut traduire l'esprit de la charte de l'environnement.

---

[1] S. Lavroff-Detrie, *De l'indisponibilité à la non-patrimonialité du corps humain,* thèse, Université Paris 1 Panthéon-Sorbonne, 1997.

Cela peut potentiellement élargir à tout un chacun l'intérêt à agir des associations ayant un intérêt légitime. Par cette modification conceptuelle, l'environnement devient concrètement le patrimoine de tous, mais la propriété de personne…

2/ Le respect des nécessités pratiques du système

L'intégration de l'environnement au sein du substratum préserve la distinction chose/personne (a). D'autre part, cela préserve le caractère anthropocentré du système (b).

a/ La préservation de la distinction chose/personne

En intégrant l'environnement dans le substratum de la personnalité juridique, la distinction chose/personne est préservée. Le corps n'est ni une personne ni une chose, il est ce sur quoi se fonde la personnalité. Il est en dehors des catégories.

L'environnement, au même titre que le corps, devient dans cette nouvelle représentation cette chose en dehors des catégories qui permet à chacun d'être au monde. C'est dire aussi que sur lui pèse de ce fait un respect fondamental. Cela relève la valeur accordée aux animaux, tout en plaçant ces derniers en dehors du maelström des arbitrages des intérêts juridiques. C'est une conception symbiotique du droit.

b/ La préservation de l'anthropocentrisme du système

En intégrant l'environnement et les animaux dans le substratum de la personnalité juridique, le droit préserve le caractère anthropocentré qui est le sien depuis ses origines. Le système juridique évolue avec cette conception vers une pensée symbiotique, en analysant l'humain comme une partie du tout.

L'administration du droit est toujours faite par l'humain. Mais l'intérêt à agir large des associations est étendu à tout un chacun, puisque le droit admet dans cette nouvelle conception le caractère de dépendance existant entre l'homme et l'environnement.

BIBLIOGRAPHIE

F. Abikhzer, *La notion juridique d'humanité*, thèse, Presses universitaires d'Aix-Marseille, 2005.

S. Arsac, « Sur le projet grands singes, l'égalité au-delà de l'humanité », *Les Cahiers antispécistes,* n° 23, décembre 2003, www.cahiers-antispecistes.org

C. Aubry, C. Rau, *Cours de droit civil français : d'après la méthode de Zachariae,* Librairie de la Cour de cassation, Paris, (5e édition), 1917.

J.-L. Austin, *Quand dire, c'est faire* (trad. G. Lane), Seuil Coll. essai, Paris, première édition 1970.

R. Babadji, « L'animal et le droit : à propos de la déclaration universelle des droits de l'animal », *Revue juridique de l'environnement*, 1999, n° 1, p. 9.

P. Cavalieri, « Les droits de l'homme pour les grands singes non humains ? », *Le Débat,* 2000, n° 08, p. 156.

Y. Christen, *L'animal est-il une personne ?,* Flammarion, Paris, 2011.

G. Cornu, *Droit civil. Introduction, Les personnes, Les biens,* Domat-Montchrestien, Paris, 7e édition, 1994.

P.-J. Delage, « L'animal, la chose juridique et la chose pure », *Recueil Dalloz,* 2014, p. 1097.

R. Demogue, « La notion de sujet de droit, caractère et conséquences », *Revue trimestrielle de droit civil,* 1909, p. 612.

M.-A. Hermitte, « Les droits de l'homme pour les humains, les droits du singe pour les grands singes », revue *Le Débat*, 2000/1 n° 108, Éditions Gallimard, p. 169.

R. Jhering (von), *L'Évolution du droit,* Librairie A. Marescq, Paris, 1901.

H. Kelsen, « Qu'est-ce que la théorie pure du droit ? », *Droit et société,* 1992, n° 22, p. 551.

D. Landivar, E. Ramillien, « Savoirs autochtones, “nature-sujet” et gouvernance environnementale : une analyse des reconfigurations du droit et de la politique en Bolivie et en Équateur », *Autrepart*, 2017/1 n° 81, p. 135.

S. Lavroff-Detrie, *De l'indisponibilité à la non-patrimonialité du corps humain*, thèse, Université Paris 1 Panthéon-Sorbonne, 1997.

R. Libchaber, *L'ordre juridique et le discours du droit, essai sur les limites de la connaissance du droit*, Lextenso, Paris, 2013.

J.-P. Marguénaud, *L'animal en droit privé*, thèse, Université de Limoges, 1987.

J.-P. Marguénaud, « La personnalité juridique des animaux », *Recueil Dalloz,* 1998, p. 205.

I. Maria, *Les incapacités de jouissance : étude critique d'une catégorie doctrinale,* Lextenso, coll. Doctorat et notariat, tome 44, Paris, 2010.

J.-M. Monet, « Les procès d'animaux », *Cahiers de philosophie juridique et politique,* n° 22, 1992, p. 205.

B. Parance, « Action en justice des associations de protection de l'environnement, infraction environnementale et préjudice moral », *Recueil Dalloz*, 2011, p. 2635.

A. Paynot-Rouvillois, « Sujet de droit », in *Dictionnaire de la culture juridique,* PUF, Lamy, 2003.

M. Salhab, *La notion de sujet de droit : essai sur l'homme juridique*, thèse, Université Jean-Moulin Lyon 3, 1991.

P. Singer, *La Libération animale*, Payot et Rivages, Paris, 2012.

F. Zénati-Castaing, « La propriété, mécanisme fondamental du droit », *Revue trimestrielle de droit civil,* 2006, p. 445.

– Propos conclusifs –

Une évolution de la protection des animaux par le droit de l'environnement fondamentalement anthropocentrée

Par Saioa GOYENECHE

Docteure en droit privé et sciences criminelles, I.F.T.J. - E.A. 7504, Université de Pau et des Pays de l'Adour

---

Dans un contexte où les préoccupations environnementales sont croissantes, ce colloque nous a permis d'appréhender le lien unissant la protection des animaux et le droit de l'environnement. Cette branche du droit fait montre aujourd'hui plus qu'hier d'une plus grande considération à l'égard des animaux, et plus particulièrement des espèces protégées. On assiste indéniablement à une montée en puissance de la protection des animaux.

En revanche, malgré des avancées importantes en la matière, l'introduction du droit de l'environnement a une visée essentiellement protectrice. Il ne s'agit en aucun cas de reconnaître de nouveaux droits aux animaux ou de promouvoir la prise en compte du « bien-être animal » au détriment de certaines conséquences, notamment économiques. Les animaux ne sont en effet envisagés qu'à travers les activités humaines. Ce constat vaut tant à l'échelle nationale, où la portée de la protection conférée aux animaux reste limitée par la satisfaction des intérêts humains (I), qu'à l'échelle internationale, où l'absence d'un véritable droit animalier est évidente (II).

I. Un système national de protection des animaux limité par la satisfaction des intérêts humains

La réintroduction des espèces menacées d'extinction reste indéniablement l'outil privilégié de la conservation de la faune sauvage. Si les mesures de réintroduction permettent dans une certaine mesure d'assurer la protection de l'espèce animale, le caractère contraignant de ces règles reste relatif, dans la mesure où elles cèdent encore souvent devant les intérêts économiques, scientifiques ou autres. Des autorisations dérogatoires de destruction des espèces protégées pourront ainsi être accordées lorsque la réintroduction porte atteinte à la sécurité des personnes et des biens[1].

En outre, le nouveau régime de responsabilité prévu par la loi du 8 août 2016 pour la reconquête de la biodiversité, de la nature et des paysages[2] incarne une avancée réelle en matière de protection des animaux non domestiques relevant des listes des espèces protégées. Mais, si de nouveaux principes ont été fixés pour la réparation du « préjudice écologique pur »[3], constitué par les atteintes aux espèces protégées, celui-ci reste fortement encadré par le principe de l'immutabilité d'une part, mais également par celui de l'évaluation d'autre part. Le juge est en effet tenu par la demande des parties et les techniques d'évaluation sont laissées à sa libre appréciation. En outre, il s'agit d'un régime de réparation fondamentalement anthropocentré, puisque seules les atteintes causées animaux non domestiques contribuant effectivement au maintien d'un écosystème sont susceptibles d'ouvrir droit à réparation[4].

---

[1] V. la contribution dans la présente étude de V. Savarit, « Conservation de la faune sauvage et réintroduction des espèces menacées d'extinction ».
[2] Loi n° 2016-1087 du 8 août 2016 pour la reconquête de la biodiversité, de la nature et des paysages, *JORF* n°0184 du 9 août 2016, t. n°2.
[3] Défini par l'article 1247 du Code civil.
[4] V. la contribution dans la présente étude de L. Cazalis, « Préjudice écologique et droit des animaux ».

Enfin, en ce qui concerne plus particulièrement la protection des milieux et habitats, et plus particulièrement des espaces naturels non réglementés, la démarche contractuelle permet non seulement de pallier l'absence d'un dispositif encadrant la protection de la nature ordinaire, mais également une participation pro-active des personnes privées pour assurer la conservation et la gestion de ces espaces. Ces espaces naturels ordinaires peuvent ainsi être détenus, gérés, restaurés par un propriétaire privé, une association, un collectif ou une société assurant une mission de gestion de ces espaces. Cette protection contractuelle des milieux et habitats naturels ordinaire, et de la faune y afférente, a l'avantage d'être flexible et dynamique, mais reste, par définition, soumise à la volonté de l'Homme. Une conciliation entre la protection de ces espaces, l'intérêt public et les intérêts privés semble ainsi indispensable[1].

La protection accordée aux animaux est encore bien plus relative dans certains autres domaines. En matière de chasse et de pêche, malgré l'interdiction de la pratique de l'activité en fonction des espèces, des périodes ou au regard de certaines zones délimitées, il apparaît que les garanties de protection contre les souffrances animales sont insuffisantes. La préservation des ressources en matière de chasse et de pêche a essentiellement pour objectif de pérenniser les activités de loisir[2]. Encore une fois, il est davantage question de la protection des intérêts humains.

En droit pénal, l'appréciation du comportement de l'animal par le juge sera effectuée par référence à un modèle abstrait par le biais du critère de l'état de nécessité. Le comportement d'un « animal dans la nature » sera plus facilement assimilé à un comportement digne de protection par le droit pénal de l'environnement. L'homme doit anticiper le comportement

---

[1] V. la contribution dans la présente étude de M. Lechabb-Vacossin, « Contractualisation des espaces naturels ordinaires et protection indirecte de animaux ».

[2] V. la contribution dans la présente étude de C. Edouard, « L'encadrement des activités de chasse et de pêche : une protection perfectible des animaux par le droit de l'environnement ».

naturel d'un animal appartenant à une espèce protégée. La protection des animaux est donc conditionnée par le comportement, parfois imprudent, des humains.[1]

Face à l'insuffisante protection des animaux par le droit de l'environnement, la question de l'attribution d'une véritable personnalité juridique trouve tout son sens. Une redéfinition du « substratum » de la personnalité juridique, qui est encore en partie le corps de la personne, apparaît comme étant un préalable indispensable. Il conviendrait d'y intégrer désormais également l'environnement afin d'élever le respect dû aux intérêts environnementaux et, par conséquent, aux intérêts juridiques des animaux[2].

L'objectif de protection des animaux se heurte donc à notre conception anthropocentrée du monde. Le même constat peut malheureusement être fait au niveau international.

II. L'absence d'un véritable droit international animalier

A l'échelle internationale, le droit international de l'environnement assure la protection des animaux sauvages afin de garantir la conservation et la protection de la biosphère. Parmi les instruments conventionnels ayant été adoptés, on distingue ceux visant la faune sauvage de manière indistincte, tels que la Convention sur le commerce international des espèces de faune et de flore sauvages menacées d'extinction (CITES) du 3 mars 1973[3], et ceux restant limités à certains groupes d'espèces, tels que la Convention internationale pour la règlementation de la

---

[1] V. la contribution dans la présente étude de M. Germain, « Le droit pénal et les animaux : l'animal dans la nature, l'animal hors la nature ».

[2] V. la contribution dans la présente étude de L. Dufaur-Dessus, « Faut-il reconnaître la personnalité juridique aux animaux pour mieux protéger leurs intérêts juridiques ? ».

[3] Signée à Washington le 3 mars 1973, puis amendée à Bonn, le 22 juin 1979 et à Gaborone, le 30 avril 1983.

chasse à la baleine adoptée le 2 décembre 1946[1], l'Accord international sur la protection des ours blancs du 15 novembre 1973[2] ou la Convention pour la conservation de la faune et de la flore marines de l'Antarctique du 20 mai 1980[3]. En revanche, à côte du droit de l'environnement de portée plus générale, une série de traités visent plus particulièrement la protection des animaux suivant les activités humaines auxquelles ils sont soumis. On peut citer, par exemple, la Convention européenne sur la protection des animaux dans les élevages du 10 mars 1976[4] ou la Convention européenne sur la protection des animaux d'abattage du 10 mai 1979[5]. L'objectif est ici très différent puisqu'il s'agit de favoriser l'utilisation éthique des animaux par l'homme. Bien que les régimes relatifs au traitement des animaux soient différents, la plupart des conventions évoquées repose sur le principe du « bien-être animal ».[6] Cependant, cet objectif ne doit pas être exagéré puisque la réduction de la souffrance animale est limitée par la satisfaction des intérêts humains. À titre d'exemple, la Convention européenne sur la protection des animaux d'abattage de 1979 énonce que *« la crainte, l'angoisse, les douleurs et les souffrances d'un animal lors de l'abattage*

---

[1] Conclue à Washington le 2 décembre 1946.

[2] Adopté à Oslo le 15 Novembre 1973.

[3] Signée lors de la Conférence sur la conservation de la faune et la flore marines de l'Antarctique déroulée à Canberra, Australie, 7–20 mai 1980.

[4] Signée à Strasbourg le 10 mars 1976.

[5] Signée à Strasbourg le 10 mai 1979.

[6] V. notamment l'article VIII, § 3 de la CITES qui exige que « *tout spécimen vivant au cours du transit, de la manutention ou du transport soit convenablement traité de façon à ce que soient evitées les risques de blessures, de maladie et de traitement rigoureux* ». Dans le même sens, conformément a l'article 3, §6, « [*t*]*oute capture de mammifères et d'oiseaux indigènes s'effectue de manière à provoquer le moins de douleurs et de souffrances possibles* ».V. également l'article du 13 du TFUE selon lequel : « (l)*orsqu'ils formulent et mettent en œuvre la politique de l'Union dans les domaines de l'agriculture, de la pêche, des transports, du marché intérieur, de la recherche et développement technologique et de l'espace, l'Union et les États membres tiennent pleinement compte des exigences du bien-être des animaux en tant qu'êtres sensibles, tout en respectant les dispositions législatives ou administratives et les usages des États membres en matière notamment de rites religieux, de traditions culturelles et de patrimoines régionaux* ».

risquent d'influencer la qualité de la viande ».[1] En outre, l'efficacité des règles relatives au bien-être des animaux est relative. D'une part, ces règles sont peu respectées par les Etats. Enfin, les règles relatives au bien-être des animaux sont souvent interprétées par les juges de manière restrictive[2].

Au niveau de l'Union Européenne, la législation en la matière est assez riche. Elle couvre en effet un éventail assez large d'espèces. La Directive 92/43/CEE du Conseil du 21 mai 1992, dite « Habitats »[3], modifiée par la directive 97/62/CEE, a pour objectif d'assurer la protection des habitats naturels, ainsi que de la faune et de la flore sauvages, et de contribuer à la conservation de la biodiversité. La directive 98/58/CE du Conseil du 20 juillet 1998 pose les règles minimales de protection des animaux d'élevage.[4] D'autres instruments restent en revanche limités à certaines catégories d'animaux.[5] Outre les espèces animales dans les élevages, les animaux utilisés à des fins scientifiques font également l'objet d'une certaine protection.[6] Enfin, certains

---

[1] Convention européenne sur la protection des animaux d'abattage, *préc.*

[2] D-S ROBIN, « Statut et bien-être des animaux : quelques remarques sur les balbutiements d'un droit international animalier », *Journal du droit international,* n° 2, Avril 2016, doctr.5.

[3] Directive 92/43/CEE du Conseil du 21 mai 1992 concernant la conservation des habitats naturels ainsi que de la faune et de la flore sauvages, *JOCE*, L206, 22.7.1992, p.7.

[4] Directive 98/58/CE du Conseil du 20 juillet 1998 concernant la protection des animaux dans les élevages, *JOCE* L221/23, 8.8.98, p.23.

[5]V. not. Directive 2007/43/CE du Conseil du 28 juin 2007 fixant des règles minimales relatives à la protection des poulets destinés à la production de viande, *JOUE* L 182, 12.7.2007, p. 19, Directive 1999/74/CE du Conseil du 19 juillet 1999 établissant les normes minimales relatives à la protection des poules pondeuses, *JOCE* L203, 3.8.1999, p. 53, Directive 2002/4/CE de la Commission du 30 janvier 2002 concernant l'enregistrement des établissements d'élevage de poules pondeuses relevant de la directive 1999/74/CE du Conseil, *JOCE* L 30, 31.1.2002, p. 44, Directive 2008/119/CE du Conseil du 18 décembre 2008 établissant les normes minimales relatives à la protection des veaux, *JOUE* L 10, 15.1.2009, p. 7, Directive 2008/120/CE du Conseil du 18 décembre 2008 établissant les normes minimales relatives à la protection des porcs. *JOUE L* 47, 18.2.2009, p. 5.

[6] Directive 2010/63/UE du Parlement européen et du Conseil du 22 septembre 2010 relative à la protection des animaux utilisés à des fins scientifiques, *JOUE* L276, 20.10.2010, p. 33.

instruments fixent des règles de bien-être pour les animaux d'élevage pendant le transport ou lors de l'abattage[1]. Mais si le système de protection des espèces semble globalement complet, les mesures adoptées restent soumises aux exigences économiques, sociales ou culturelles.

La notion de « bien-être animal » est également visée à l'article 13 du Traité sur le Fonctionnement de l'Union européenne qui dispose que *« Lorsqu'ils formulent et mettent en œuvre la politique de l'Union dans les domaines de l'agriculture, de la pêche, des transports, du marché intérieur, de la recherche et développement technologique et de l'espace, l'Union et les États membres tiennent pleinement compte des exigences du bien-être des animaux en tant qu' êtres sensibles ».* La portée de la protection conférée par cette disposition reste limitée puisque la prise en compte du « bien-être animal » doit être effectuée dans le respect des objectifs politiques de l'Union Européenne.[2] La Cour de Justice de l'Union européenne s'est d'ailleurs toujours inclinée devant certains impératifs, tels que la libre circulation des marchandises.[3] La limitation de la souffrance animale ne peut donc contrevenir et reste soumise aux objectifs politiques des Etats et de l'Union européenne.

L'objectif de protection du bien-être animal figure enfin également dans la récente *stratégie De la Ferme à la Table*[4]

---

[1] Directive 95/29/CE du Conseil, du 29 juin 1995, modifiant la directive 91/628/CEE relative à la protection des animaux en cours de transport, *JOCE L* 148, 30.6.1995, p. 52, Règlement (CE) n° 1099/2009 sur la protection des animaux au moment de leur mise à mort *JOUE* L 303, 18.11.2009, p. 1.

[2] En ce sens notamment, F. HERVOUËT, Sensibilité animale et droit de l'Union européenne, *in* R. BISMUTH, F. MARCHADIER (ss. Dir.), *Sensibilité animale. Perspectives juridiques,* Paris, CNRS, 2015, p. 214-219. V. également V. BOUHIER, « Le difficile développement des compétences de l'Union européenne dans le domaine du bien-être des animaux », *Rev. semestrielle dr. animalier,* 2013, n° 1, p. 360-361.

[3] CJCE, 8 mai 2008, *Danske Svineproducenter c/ Justitsministeriet,* aff. C-419/06. Dans cette affaire, la Cour considère que les surcoûts et obstacles imposés par un Etat membre pour assurer la protection du bien-être des animaux empêchait la libre circulation des marchandises.

[4] Communication de la Commission au Parlement européen, au Conseil, au Comité économique et social européen et au Comité des régions, *Une stratégie*

présentée par la Commission européenne en mai 2020 et complémentaire de la *stratégie en faveur de la biodiversité à l'horizon 2030*[1]. Ce texte prend en compte la totalité de la chaîne d'approvisionnement alimentaire et vise à permettre le développement de pratiques agricoles plus durables afin de contribuer à la protection de la biodiversité. La prise en compte de la sensibilité animale ne pourra toutefois être envisagée que dans la limite des objectifs fixés aux Etats membres par le Conseil, et notamment celui d'assurer la compétitivité de l'agriculture européenne au niveau mondial[2].

L'ensemble de ces éléments confirme que le système de protection des animaux tant à l'échelle nationale qu'internationale repose sur des valeurs essentiellement anthropocentrées. Il est toutefois à espérer que l'évolution vers une plus grande considération à l'égard de la sensibilité des animaux puisse aboutir à une conception davantage centrée sur leurs besoins, et ce, au service du droit de l'environnement.

BIBLIOGRAPHIE :

Encyclopédies, ouvrages généraux et spéciaux

F. HERVOUËT, Sensibilité animale et droit de l'Union européenne, *in* R. BISMUTH, F. MARCHADIER (ss. Dir.), *Sensibilité animale. Perspectives juridiques,* Paris, CNRS, 2015, p.214-219.

« De la ferme à la table » pour un système alimentaire, équitable, sain et respectueux de l'environnement, 20 mai 2020, COM/2020/381 final.

[1] Communication de la Commission au Parlement européen, au Conseil, au Comité économique et social européen et au Comité des régions, *Stratégie de l'UE en faveur de la biodiversité à l'horizon 2030. Ramener la nature dans nos vies*, 20 mai 2020, COM/2020/380 final.

[2] V. Conclusions du Conseil sur la *stratégie "De la ferme à la table"* - (19 octobre 2020), pt. 12.

Articles de revue

V. BOUHIER, « Le difficile développement des compétences de l'Union européenne dans le domaine du bien-être des animaux », *Rev. semestrielle dr. animalier,* 2013, n° 1, p. 360-361.

D-S ROBIN, « Statut et bien-être des animaux : quelques remarques sur les balbutiements d'un droit international animalier », *Journal du droit international,* n° 2, Avril 2016, doctr.5.

Normes internationales

Convention internationale pour la règlementation de la chasse à la baleine, 2 décembre 1946.

Convention sur le commerce international des espèces de faune et de flore sauvages menacées d'extinction (CITES), 3 mars 1973.

Accord international sur la protection des ours blancs, 15 novembre 1973.

Convention européenne sur la protection des animaux dans les élevages, 10 mars 1976.

Convention européenne sur la protection des animaux d'abattage,10 mai 1979.

Convention pour la conservation de la faune et de la flore marines de l'Antarctique, 20 mai 1980.

Normes européennes

Directive 91/628/CEE du Conseil du. 19 novembre 1991 relative à la protection des animaux en cours de transport (BUSCAR)

Directive 92/43/CEE du Conseil du 21 mai 1992 concernant la conservation des habitats naturels ainsi que de la faune et de la flore sauvages, *JOCE* L206, 22.7.1992, p. 7.

Directive 95/29/CE du Conseil, du 29 juin 1995, modifiant la directive 91/628/CEE relative à la protection des animaux en cours de transport, *JOCE* L 148, 30.6.1995, p. 52.

Directive 98/58/CE du Conseil du 20 juillet 1998 concernant la protection des animaux dans les élevages, *JOCE* L221/23, 8.8.98, p. 23.

Directive 1999/74/CE du Conseil du 19 juillet 1999 établissant les normes minimales relatives à la protection des poules pondeuses, *JOCE* L203, 3.8.1999, p. 53.

Directive 2002/4/CE de la Commission du 30 janvier 2002 concernant l'enregistrement des établissements d'élevage de poules pondeuses relevant de la directive 1999/74/CE du Conseil, *JOCE* L 30, 31.1.2002, p. 44

Directive 2007/43/CE du Conseil du 28 juin 2007 fixant des règles minimales relatives à la protection des poulets destinés à la production de viande, *JOUE* L 182, 12.7.2007, p. 19

Directive 2008/119/CE du Conseil du 18 décembre 2008 établissant les normes minimales relatives à la protection des veaux, *JOUE* L 10, 15.1.2009, p. 7

Directive 2008/120/CE du Conseil du 18 décembre 2008 établissant les normes minimales relatives à la protection des porcs. *JOUE L* 47, 18.2.2009, p. 5.

Directive 2010/63/UE du Parlement européen et du Conseil du 22 septembre 2010 relative à la protection des animaux utilisés à des fins scientifiques, *JOUE* L 276, 20.10.2010, p. 33.

Règlement (CE) n° 1099/2009 sur la protection des animaux au moment de leur mise à mort *JOUE* L 303, 18.11.2009, p. 1.

Communication de la Commission au Parlement européen, au Conseil, au Comité économique et social européen et au Comité des régions, *Une stratégie « De la ferme à la table » pour un système alimentaire, équitable, sain et respectueux de l'environnement*, 20 mai 2020, COM/2020/381 final.

Communication de la Commission au Parlement européen, au Conseil, au Comité économique et social européen et au Comité des régions, *Stratégie de l'UE en faveur de la biodiversité à l'horizon 2030. Ramener la nature dans nos vies*, 20 mai 2020, COM/2020/380 final.

Lois

Loi n° 2016-1087 du 8 août 2016 pour la reconquête de la biodiversité, de la nature et des paysages, *JORF* n°0184 du 9 août 2016, t. n°2.

Jurisprudence

CJCE, 8 mai 2008, Danske Svineproducenter c/ Justitsministeriet, aff. C-419/06

Autres

Conclusions du Conseil sur la *stratégie "De la ferme à la table"* - (19 octobre 2020), pt. 12.

COMITÉ SCIENTIFIQUE ET LISTE DES AUTEURS

Comité scientifique :

Laurent ABADIE
Maître de conférences en droit privé et sciences criminelles, UMR 6031 TREE, Université de Pau et des Pays de l'Adour

Pierre-Yves ARDOY
Maître de conférences en droit privé et sciences criminelles, I.F.T.J. - E.A. 7504, Université de Pau et des Pays de l'Adour

Virginie LARRIBAU-TERNEYRE
Professeure agrégée des Universités en droit privé et sciences criminelles, UMR 6031 TREE, Université de Pau et des Pays de l'Adour

Liste des auteurs :

Adrienne BONNET
Docteure en droit privé et sciences criminelles qualifiée aux fonctions de Maître de conférences en section 01

Laure CAZALIS
Docteure en droit privé et sciences criminelles

Laurent DUFAUR-DESSUS
Docteur en droit privé et sciences criminelles, UMR 6031 TREE, Université de Pau et des Pays de l'Adour

Cédric EDOUARD
A.T.E.R. et Doctorant en droit privé et sciences criminelles, UMR 6031 TREE, Université de Pau et des Pays de l'Adour

Mael GERMAIN
Doctorant en droit privé et sciences criminelles, I.F.T.J. - E.A. 7504, Université de Pau et des Pays de l'Adour

Saioa GOYENECHE
Docteure en droit privé et sciences criminelles, I.F.T.J. - E.A. 7504, Université de Pau et des Pays de l'Adour

Morgan LECHHAB-VACOSSIN
Doctorant en droit privé et sciences criminelles, I.F.T.J. - E.A. 7504, Université de Pau et des Pays de l'Adour

Virginie SAVARIT
Enseignante contractuelle et Doctorante en droit privé et sciences criminelles, I.F.T.J. - E.A. 7504, Université de Pau et des Pays de l'Adour

TABLE DES MATIÈRES

Structures éditoriales du groupe L'Harmattan

L'Harmattan Italie
Via degli Artisti, 15
10124 Torino
harmattan.italia@gmail.com

L'Harmattan Hongrie
Kossuth l. u. 14-16.
1053 Budapest
harmattan@harmattan.hu

L'Harmattan Sénégal
10 VDN en face Mermoz
BP 45034 Dakar-Fann
senharmattan@gmail.com

L'Harmattan Cameroun
TSINGA/FECAFOOT
BP 11486 Yaoundé
inkoukam@gmail.com

L'Harmattan Burkina Faso
Achille Somé – tengnule@hotmail.fr

L'Harmattan Guinée
Almamya, rue KA 028 OKB Agency
BP 3470 Conakry
harmattanguinee@yahoo.fr

L'Harmattan RDC
185, avenue Nyangwe
Commune de Lingwala – Kinshasa
matangilamusadila@yahoo.fr

L'Harmattan Congo
219, avenue Nelson Mandela
BP 2874 Brazzaville
harmattan.congo@yahoo.fr

L'Harmattan Mali
ACI 2000 - Immeuble Mgr Jean Marie Cisse
Bureau 10
BP 145 Bamako-Mali
mali@harmattan.fr

L'Harmattan Togo
Djidjole – Lomé
Maison Amela
face EPP BATOME
ddamela@aol.com

L'Harmattan Côte d'Ivoire
Résidence Karl – Cité des Arts
Abidjan-Cocody
03 BP 1588 Abidjan
espace_harmattan.ci@hotmail.fr

Nos librairies en France

Librairie internationale
16, rue des Écoles
75005 Paris
librairie.internationale@harmattan.fr
01 40 46 79 11
www.librairieharmattan.com

Librairie des savoirs
21, rue des Écoles
75005 Paris
librairie.sh@harmattan.fr
01 46 34 13 71
www.librairieharmattansh.com

Librairie Le Lucernaire
53, rue Notre-Dame-des-Champs
75006 Paris
librairie@lucernaire.fr
01 42 22 67 13

www.ingramcontent.com/pod-product-compliance
Lightning Source LLC
LaVergne TN
LVHW021215061026
849535LV00008B/2741